Ohne Blei, auf meinen Flügeln

Mein Weg aus der Mobbing-Opferrolle

**Weil Mobbing
zu stoppen ist
und
jahrelange Qualen
vermeidbar sind!**

Inhaltsverzeichnis

- Vorwort: 6
- Eine friedliche Gewitterfront 8

1. SCHLUSS MIT VERDRÄNGUNG UND VERHARMLOSUNG 11

Barfuß im Sturm 13

2. SCHLUSS MIT DER SCHAM 17
   - Mein erstes Radiointerview 19
   - Wirklich nur Spaß! 25

Kalt erwischt 27
   - Wieder Opfer!?? 31
   - Aussortiert 35

3. HILFE SUCHEN UND ANNEHMEN 39
   - Fremdes Gefühl 40
   - Mehr als nur Lampenfieber 43

4. BEREIT MIR SELBST ZU VERZEIHEN 48

Wer auch immer 50
   - Meine Wege 52

5. ZUR AUSSPRACHE UND VERSÖHNUNG BEREIT 56
   - Erste Begegnung 56
   - Zweite Begebenheit 59

- o Dritte Begebenheit 61
- o Vierte Begebenheit 63
- o Augen AUF und durch 64

Frei 71

6. ICH KANN UND DARF GUTES DARAUS MACHEN 73

Ich 73

- o Kleine Orientierungshilfe: 76

I. Wie viel und wo gemobbt wird 77

II. Die Definition und Struktur von Mobbing 78

III. Die Alarmsignale eines Mobbingopfers 79

IV. Ursachen, scheinbare und echte Erklärungen 81

V. Wie man Mobbing verhindern kann 85

- o ☐ .... Die Lehrkräfte 87
- o ☐ .... Die Elterngemeinschaft 90
- o ☐ .... Die Schulgemeinschaft 92

VI. Mein Rat an Eltern, wenn: 94

- o das eigene Kind gemobbt wird? . 94
- o Verletzte Mutterseele 94
- o o .... …das eigene Kind Mitläufer ist 101

- Ängstlicher Held 103
- o........ ...das eigene Kind ein anderes mobbt 108
- oFür ALLE Eltern 110
- Das hätte ich mir gewünscht 112

Die Ruhe nach dem Sturm 114

Anhang Kapitel aus dem Buch: Wie Blei, auf einen Flügeln 115

- 1.Ein Tag Schullandheim als Mama 115
- 2.Verschwunden 121
- 3.Im Schwimmunterricht 123
- 4.Schachmatt?! 126
- 5.Unsichtbarer Begleiter! 129
- 6.Der Fratzenmob 132
- 7.Die Gewitterfront 136
- 8.Stumm- schreiende Zeugen 138

Vorwort:

Seit der Veröffentlichung meines ersten Buches, „Wie Blei, auf meinen Flügeln- Erinnerungsblitze aus der Mobbinghölle", werden mir oft folgende Fragen gestellt:

„Wie ging deine Geschichte nach der Schule weiter? Wurdest du in einem neuen Umfeld wieder gemobbt? Wann und wie hast du es geschafft, aus der Opferrolle herauszukommen? Was hättest du dir damals gewünscht, was hätte dir geholfen?"

Daraufhin berichte ich gerne von meinen Erfahrungen nach der Schulzeit. Doch mir wird von Mal zu Mal bewusster, wie unzureichend diese kurzen Statements sind und die Antworten erweisen sich teilweise als so komplex, dass ich sie für mich selbst erst mal ganz klar definieren muss. Damit meine Erfahrungen anderen helfen können, reifte der Entschluss, meinen endgültigen Weg aus der Mobbing-Opferrolle in diesem neuen Buch aufzuzeigen.

Um die Wichtigkeit jedes einzelnen Schrittes hervorzuheben, habe ich meinen Weg in sechs große Themenkapitel eingeteilt.

Sicherlich ist nicht jeder einzelne meiner Schritte eins zu eins auf alle Mobbingopfer zu übertragen, doch ich bin überzeugt, die Darlegung meiner Reise aus diesem staubigen, kalten, dunklen Eck zu einer neuen Persönlichkeit wird andere Mobbingopfer unterstützen. Sie schafft neue Hoffnung, neuen Mut und neue Zuversicht. Hoffnung und Glauben, dass es auch für sie einen Weg aus dieser Hölle gibt, Mut sich auf die eigne Reise zu machen und Zuversicht weiterzumachen, auch wenn der Weg manchmal schwierig zu erkennen, anzunehmen und zu gehen ist.

Auch allgemeine Fragen wie: **„Ab welchem Zeitpunkt spricht man von Mobbing? Was sind die Gründe für Mobbing? Woran erkennt man, ob ein Mensch gemobbt wird? Wie kann man ihm und allen Beteiligten dann helfen? Kann man Mobbing verhindern?"**, werden mir häufig gestellt. Diese beantworte ich im letzten der sechs großen Themenkapitel, gebe gleichzeitig Einblicke in meine heutige Arbeit und meine individuell gestalteten Vorträge für Kinder, Jugendliche, Erwachsene, Lehrkräfte und Eltern.

Zwischen all diesen Antworten und meiner persönlichen Wegbeschreibung finden sich immer wieder Gedichte oder Parabeln, die meine Gedanken und Emotionen in kleinen Bildergeschichten schildern. Diese veranschaulichen die Wandlung meiner Seele von der bleischweren Feder in farbenfrohe Flügel.

Ich hoffe, sie finden in diesem Buch das, was sie suchen und freue mich ihnen dieses Mal mit gutem Gewissen viel Spaß beim Lesen wünschen zu können.

Herzliche Grüße, *Katharina*

Eine friedliche Gewitterfront

Ein glutroter Himmel verkündigt das Ende dieses heißen Tages.

Erst betrachte ich dieses Wolkenschauspiel bei der Abschiedsfeier der Grundschulzeit meines Sohnes auf dem Pausenhof, dann im Garten einer Mutter seines Klassenkameraden, die mir in den letzten vier Jahren eine gute Freundin geworden ist. Wir zerreden Stunde um Stunde und lassen uns weder von der Dämmerung noch vom immer häufiger aufflackernden Wetter-leuchten stören.

Als ich endlich in mein Bett sinke hat sich der neue Tag längst nahtlos an den vorigen gefügt und ich schließe todmüde die Augen. Wenige Sekunden darauf aber öffne ich sie wieder, denn genau wie vor über vier Jahren finde ich erneut keinen Schlaf.

Diesmal jedoch sind es keine grausamen Erinnerungsblitze aus der Mobbinghölle, die mich wachhalten. Nein diesmal wirbeln meine Gedanken um mein erstes Buch. Vor wenigen Tagen habe ich es zur Veröffentlichung freigegeben und es müsste längst zum Kauf erhältlich sein. Dies ist aber nicht der Fall, obwohl mir die freundliche Frau am Telefon vor ein paar Stunden versprochen hat, dass ich die entsprechende Bestätigung heute noch per Mail bekäme.

Dieses „Heute" war Gestern - und ich warte immer noch. , denke ich und spüre, wie mich die zügellose Ungeduld rasend macht. Gleichzeitig quillt mein Herzen vor unbändiger Freude über:

Ich habe es geschafft! Ich habe es wirklich wahr gemacht! ICH!

Dann zaubern mir die klappernden Rollläden vor den geöffneten Fenstern und ein Blitz, der den Raum erleuchtet, ein Lächeln ins Gesicht. Der Donner scheint mit einem Schlag die stickige Schwüle zu verjagen und der pfeifende Wind singt, von den trommelnden Regentropfen begleitet, ein Lied für mich. Meine Gedanken tanzen fröhlich zu dieser Melodie von Frieden, Freude und Freiheit. Ich atme tief ein und spüre die frische Luft in jede Zelle meines Körpers strömen. Die mahnende Stimme, die mich auf den nächsten Tag hinweist, bringt mich ebenfalls zum Lächeln. Denn ich weiß: *Ich habe noch nie zuvor so gerne auf den Schlaf gewartet, wie heute Nacht.*

Nach wenigen Stunden reißt mich der Wecker aus dem traumlosen Dämmerzustand. Ohne wirklich wach zu sein stehe ich auf und schwanke durch den Raum. Ich werfe einen Blick auf mein Handy und erkenne verschwommen eine neue Mail. Mein Herz klopft viel zu laut und schnell, während ich sie öffne und als ich sie lese erinnere ich mich an meinen letzten Gedanken vor dem Einschlafen: *Ich wusste doch, dass es an dem Tag gewittert,- an dem mein Buch erscheint...*
Noch immer im Halbschlaf, aber überglücklich kämpfe ich mich die Treppe zu den Kinderzimmern hinunter.
„Mama!", schrillt die Stimme meiner Tochter durch die Luft „Gell, heute ist das letzte Sommerfest im Kindi für mich?!" „Jaaa...", antworte ich mit einem tiefen Gähnen. „Zieh dich schnell an, damit wir nicht zu spät kommen." „Und zählst du mit mir nachher wieder die Tage?" Vollkommen planlos starre ich meine kleine Zahnlückenprin-

zessin an: „Welche Tage denn Mäuschen?" „Na wie lange es noch dauert, bis ich in die Schule darf natürlich!!!" sagt sie mit einem vorfreudigen Strahlen in den Augen.
"Ja, mein Schatz, nachher. Ich muss nur erst richtig wach werden.", sage ich lachend, streichle ihr nachdenklich über den Kopf und staune über zwei große Wenden in meinem Leben: *Während mein Großer seinem Schulbeginn vor vier Jahren immer mit gemischten Gefühlen entgegen sah, weil sich die unausgesprochen-en Erinnerungen meiner Seele in seiner spiegelten, kennt meine Kleine heute kein Fünkchen Zögern.*

Während ich in meiner Schulzeit die Tage gezählt habe, wann meine Hölle endlich zu Ende ist, zähle ich heute mit meiner Tochter die Tage, bis zu ihrer langer-sehnten Einschulung.

1. SCHLUSS MIT VERDRÄNGUNG UND VERHARMLOSUNG

Meine ersten Schritte aus der Opferrolle beginnen mit der offenen, ehrlichen und schonungslosen Auseinandersetzung mit meiner Schulzeit und dem Entschluss, diese aufzuschreiben. Dieser mehrjährige Prozess gestattet mir erstmalig die Erkenntnis, nicht zu recht so behandelt worden zu sein.

(Die schwerwiegenden Folgen dieser falschen „die haben ja recht, mich so zu behandeln" Überzeugung auf meiner Seele und die letztendliche Befreiung schildere ich unter Punkt 4 „Bereit mir selbst zu verzeihen".) Nur langsam lernte ich, sowohl den Schmerz über meinen eigenen Irrglauben, als auch die Erleichterung, dass dies alles nicht stimmt, gleichermaßen anzunehmen.

Eines Tags stolpere ich beim Schreiben beispielsweise in meinen Gedanken reflexartig über jene Überzeugung, die seit Schulbeginn meine gesamte Tatkraft im Keim zu ersticken scheint: *Das kannst du nicht! Das schaffst Du nie! Du hast doch noch nie etwas geschafft!*

„Das stimmt doch nicht!", widerspreche ich mir laut in den leeren Raum und beginne, diese alte, düstere Überzeugung im tiefsten Winkel meines Inneren ans Licht zu fischen.

Es ist wahr, nach dem Schulabschluss hatte ich mehrere Anläufe für verschiedene Ausbildungen gemacht. Jeder Weg schien vernünftig und passend für mich, aber keiner führte zum augenscheinlichen Ziel.

Trotz dieses vorerst entmutigenden Zugeständnisses be-

trachte ich meinen Lebensweg genauer und suche nach Begebenheiten, die diese Überzeugung entkräften. Die Gegenargumente zersprengen diesen Bleigürtelsatz regelrecht: *Ich kann so einiges. Ich habe zum Beispiel trotz allem meinen Schulabschluss ganz passabel gemacht.*
Auch meinen Führerschein habe ich auf Anhieb bestanden- ich kenne viele Leute, die mussten diese Prüfungen mehrmals wiederholen... Ich habe nach über zehn Jahren wieder begonnen, auf meinem Instrument zu spielen, regle den Haushalt, die kümmere mich um die Kinder und lerne nebenher noch eine neue Sprache...
Ich schaue auf all die emotionalen und rationalen Entscheidungen der letzten Jahrzehnte und stelle fest, dass immer, wenn ich etwas aus tiefstem Herzen schaffen wollte, es auch geschafft habe. *Und nur, wenn ich etwas eigentlich gar nicht machen wollte, bin ich scheinbar gescheitert!* , denke ich und erkenne: *Genau das macht mich ja gleich in doppelter Hinsicht stark!*
Dieser erste Lichtblick gibt mir Mut und Kraft, den Weg zu meinem **verborgenen „Ich"** weiterzugehen, auch wenn er lang und schwierig ist. Ich muss meine Komfortzone verlassen und aus meiner erlernten, vertrauten und maßgeschneiderten Rolle aussteigen.
Diese Wandlung meiner Seele fühlt sich manchmal an wie ... *Barfuß im Sturm...*

Barfuß im Sturm

Wie ein schwarzer Teppich liegt das offene Meer vor mir. Ich stolpere barfuß über die scharfkantigen Steine. Nur das energische Rauschen der Wellen verrät den Kampf der Giganten. Die Gischt spritzt mir ins Gesicht und verteilt den salzigen Staub auf meinen Lippen.
Ein Blitz leuchtet auf.
Er offenbart mir für eine Millisekunde den vom Wasser zernagten Weg. Meine blutenden Füße zeugen vom gescheiterten Versuch, den zerfressenen Kratern auszuweichen, in deren Pfützen sich all meine Tränen, Ängste und Zweifel tausendfach spiegeln.
Auf der einen Seite des schmalen Pfades stellt sein greller Lichtschein die aufgewühlte Wasseroberfläche in der Tiefe bloß.
Auf der anderen Seite erheben sich bewachsene Felsgestalten, deren Sträucher mir bedrohlich entgegen wuchern.
Dann herrscht wieder Dunkelheit.
Wie schon so oft, scheint mir mein Ziel zu weit entfernt, der Weg zu schmal und ich viel zu klein. Ich will ja! Ich will weiter gehen, will kämpfen, will alle Widrigkeiten überwinden und über mich selbst hinaus wachsen! Aber dieser giftige Strudel aus Selbstzweifeln, Versagensängsten und unaufhörlich wachsender Hoffnungslosigkeit zieht mich gnadenlos in die Tiefe. Wut kocht in mir hoch. Doch bevor ich diese Flamme für mich nutzen kann, kriecht Trauer meinen Körper empor, löscht sie mit einem lauten Zischen und bahnt sich den Weg aus meinen Augen.

Ich bin bereit aufzugeben, mein Bündel niederzulegen, mich in der Erde zu vergraben oder besser noch in den kalten Fluten zu versinken. Resigniert gleitet mein Körper auf die spitzen Steine. Der kühle Wind umweht meine pochenden Füße. Er lindert die Schmerzen und bringt mir die Erinnerung an den warmen, weichen Sand wieder, auf dem ich zu Beginn dieses Weges lief.

Als ich losging war es noch hell, die Sonne schien auf meine Haut und unzählige weiße Schaumkronen tanzten friedlich auf dem türkis blau-silbernen Wasser.
Immer wieder hielt ich inne, genoss die paradiesische Aussicht und das ferne Rufen der Möwen.
Irgendwann verließ der Pfad den feinen Sandstrand und führte mich in schwindelerregende Höhen.
Den kleinen, runden Löchern auf den großen, warmen Steinen wich ich mit prüfendem Blick tänzelnd aus.
Ab und zu fragte ich mich, ob ich noch auf dem richtigen Weg bin. Aber dann kamen mir fröhliche Menschen entgegen, die mich mit einem Lächeln grüßten. In ihren Augen sah ich, dass sie schon gefunden hatten, was ich noch suchte. Also ging ich weiter. Von der Sehnsucht angefeuert schwebte ich über den immer unbequemer werdenden Weg, meinem Wunsch, meinem Traum, meinem Ziel entgegen.
An den Füßen der Leute sah ich unterschiedlichstes Schuhwerk, von dem keines seinem Träger einen sicheren Gang auf diesem Geröll verlieh. So verrückt wie ich, barfuß zu gehen, war jedoch keiner. Hätte ich angesichts dessen ahnen müssen, dass mir diese wagemutige Entscheidung nun zum Verhängnis wird? Nun, da die Sonne

hinter mir längst versunken ist, der Sturm tobt und die Vögel über meinem Kopf ungeduldig auf meinen Kadaver warten?

In diesen Gedanken versunken schaue ich auf den gespenstischen Teppich hinaus, dessen Anblick mir ein Schaudern über den Körper jagt.
Da sehe ich ein einsames Licht flackernd vorüberziehen.
Ganz langsam kämpft es sich, Welle für Welle schaukelnd voran und wirft eine tröstende Erkenntnis als Rettungsanker zu mir herüber.
Mein lautloses Weinen weicht einem leisen Summen, denn ich begreife mit jeder Faser meines Seins, was meine geschundenen Füße bezeugen: Ich erkenne die Macht des unstillbaren Willens und der unerschütterlichen Geduld: „Mit Hilfe jedes einzelnen Tropfens der unzähligen Wellen trägt das Meer Schicht für Schicht von den Felsen ab, bis sich die einzelnen Steinbrocken ächzend ergeben. Aber auch diese Steine zermahlt es unbeirrbar weiter, bis endlich weicher Sand die Wege ebnet."
Mein Herz atmet durch.
Ganz langsam erwacht neuer Mut, neues Selbstvertrauen und neue Hoffnung in mir und richtet meinen Körper wieder auf, während meine müden Augen den ersten Schimmer der aufgehenden Sonne am Horizont erahnen.

Ich gehe meinen Weg aus der Opferhölle also weiter. Ich gehe weiter, weil ich sie nach all diesen Jahrzehnten endlich verlassen will, weil ich jedem anderen Mobbingopfer helfen möchte und weil mir verschiedenste Situationen, wie z.B. „Ein Tag Schullandheim als Mama," (W.B.-a.m.F. Seite 148 oder hier im Anhang unter 1.) zeigten:

Nicht die *bewussten* Erinnerungsblitze, sondern die *unbewusst* erlernten und programmierten Gefühle in mir und meine damit verknüpften Reaktion-en sind die großen Hürden, welche ich zu überwinden lernen muss.
Beim Aufschreiben jedes einzelnen Bildes dieser 11 Jahre Mobbinghölle durchlebe ich dieselbe Angst, Trau-er, Wut, Hilflosigkeit, Verzweiflung, Schuld und Scham von damals noch einmal. Dies lässt mich immer wieder zweifeln und den Weg so unüberwindbar schwer er-scheinen- aber ich weiß, es gibt keinen anderen.
Und ich weiß, um mir meiner selbst bewusst zu werden, meine Schwächen zu akzeptieren und meine Stärken zu finden, muss den Weg weiter gehen.
Die Veröffentlichung meiner Geschichte und das Selbsteingeständnis, ein Opfer gewesen zu sein, ermöglicht es mir, die Scham als erstes dieser vielen negativen und lähmenden Gefühle Schritt für Schritt abzulegen.

2. SCHLUSS MIT DER SCHAM

So unlogisch es auch klingt, sich als Opfer dafür zu schämen, ein Opfer zu sein, so logischer wird es doch, wenn ich dieses Gefühl bei mir genauer betrachte und meine dahinter liegenden Ängste entlarve.

Da versteckt sich die Angst, von allen angestarrt zu werden, weil sie wissen, was mir damals angetan wurde bzw. was ich mir habe antun lassen.

Die Angst, denselben Urteilspruch über mich zu hören und somit wieder zum Opfer zu werden.

Die Angst, dass mir wieder keiner glaubt und dass mir so alt bekannte Sätze wie: „…Und was hast du denn gemacht?...Irgendetwas muss ja an ihren Anschuldigungen dran sein,… schließlich bist **du** allein und **die** sind viele und die Mehrheit kann sich ja nicht irren! ..." wieder um die Ohren fliegen.

Die Angst, wieder die alleinige Schuld zu bekommen oder dieselbe Verharmlosung und Ignoranz zu erleben.

Die Angst, mein eigenes Versagen, meine Schwäche und Hilflosigkeit zu-zugeben und durch diese Offenlegung meiner Schwachstellen und Verletzbarkeit für je-den alten oder neuen Angreifer, erneut zur perfekten Mobbing-Zielscheibe zu werden.

Diesen Ängsten stellten sich aber seit Beginn des Schreibens zunehmend andere Erfahrungen entgegen. Denn immer, wenn ich mich mit anderen Menschen unterhalte und wir auf das Thema Mobbing zu sprechen kommen, erzählen sie mir von ihren Erfahrungen und Gefühlen. Ich erkenne, wie ähnlich unsere Erfahrungen sind und wie sehr ich ihnen helfe, indem auch ich mich öffne. Am verblüffendsten in diesen Situationen aber ist für mich, dass meistens meine Gegenüber auf dieses Thema zu sprechen kommen. Fast so, als könnten sie mir durch den Kopf direkt in die Seele schauen. So baut sich immer wieder ein kleines Stück Scham ab.

Ein großes Stück fällt von meiner Seele, als ich die erste Leseprobe von W.B.a.m.F. ins Internet stelle und bereits wenige Tag später die Anfrage vom Bayrischen Rundfunk für mein erstes Radiointerview bekomme.

Mein erstes Radiointerview

Es ist Montagnachmittag und ungewöhnlich warm für Anfang März. Gerade habe ich meinen Sohn bei seinem Termin abgegeben und steuere mit meiner Tochter eine Eisdiele an, als mein Handy eine neue Mail ankündigt. „MAMA, ich will aber unbedingt ein Sitzeis! Können wir uns Bitte, bitte hinsetzen!", höre ich mit halbem Ohr, während ich mein Handy aus der Tasche fische. „Ok. Komm wir setzen uns hier hin. Aber jetzt musst ich kurz was lesen, ja!", sage ich etwas nervös und beginne die Nachricht zu lesen. „...Habe Ihre Leseprobe im Internet gefunden... Arbeite beim Bayrischen Rundfunk... Wollen eine Sendung über Mobbing machen...Wären Sie bereit für ein Interview? ..." „Ich hab es doch gewusst!", entfährt es mir, während Tränen in meine Augen steigen und meine innere Stimme sofort zu widersprechen beginnt: *Nein! Ich habe es nicht gewusst! - Aber ich habe es geahnt!- Naja, gehofft. - Egal! Diese Mail ist der Beweis! Das Thema geht so viele Menschen etwas an... denen geht es allen wie mir! ...So eine Reaktion, nach so kurzer Zeit. Am Donnerstagabend erst habe ich die Leseprobe veröffentlicht,... und jetzt,... Oh Gott, ich und ein Radiointerview!..*

Meine Gedanken überschlagen sich und meine Gefühle schleudern unkontrollierbar meine innere Achterbahn entlang. „Mama, ich will ein Biene-Maja-Eis! Oder eine Micky Maus? Oder ein... MAMA hörst du?! MAMA, was ist denn?". Meine Tochter hält mir die Eiskarte unter die Nase und starrt mich unsicher an. „Es ist alles gut.", beruhige ich sie und verstaue das Handy wieder in meiner

Tasche. „Das war eine gute Nachricht. Ich bin nur etwas… durcheinander…"
Während wir kurze Zeit später unser Eis genießen, habe ich längst entschieden, diese Chance trotz aller Zweifel und Ängste zu nutzen.

Ein paar Mails, zwei Telefonate und wenige Wochen später fahre ich zum Interview.
Wie damals, als ich anfing meine Geschichte aus der Mobbinghölle aufzuschreiben, sitze ich in einem Zug und es ist ganz sicher kein Zufall, dass der Zielort der gleiche ist, wie damals. *Ich fahre den gleichen Weg, bin die gleiche Person, aber doch eine ganz andere Persönlichkeit!*, stelle ich lächelnd fest, als sich durch all meine Unsicherheit und Zweifel ein ganz neues Gefühl in mir ausbreitet: *Ich mache das Richtige!* Und: *Ich kann das!* Ich glaube zu wissen, wem ich diesen inneren Wandel zu verdanken habe und schicke meiner Mental-Trainerin (ausführlich erzähle ich von ihr in W.B.a.m.F. im Kapitel „Verschwunden" auf Seite 170, im Anhang unter 2. und hier im Buch im Kapitel „Hilfe suchen und annehmen") eine Kurznachricht. „Glückwunsch! Aber danke nicht mir! Danke dir selbst!", lautet ihre Antwort.

Fünf Minuten vor der vereinbarten Zeit treffe ich beim Empfang des Senders ein und werde bereits von der netten Redakteurin erwartet. Bevor wir in den Aufnahmeraum gehen, unterhalten wir uns noch etwas in der Kantine. In diesem Gespräch hörte ich zum ersten Mal von Interventions-maßnahmen wie z.B. dem „*No Blame Approach*". Bei dieser Maßnahme wird dem Opfer eine

Unterstützergruppe aus Mitschülern an die Seite gestellt. Das Mobbing gehört dann meist schon nach wenigen Wochen der Vergangenheit an.

Zu Beginn unserer Unterhaltung im Aufnahmeraum habe ich den Eindruck, mein Herzschlag übertönt meine Stimme und ich fürchte, vor Aufregung nur unverständliche Wortfetzen hervor zu bringen. Schließlich ist es nicht nur mein erstes Interview, sondern auch das erste Mal, dass ich einer fremden Person meine Geschichte so detailliert und ausführlich erzähle. Aber das immer wiederkehrende und zustimmende Nicken der netten Frau signalisiert mir ehrliches Interesse und besänftigt meinen Puls mit der Zeit.

Nach einigen Fragen kommen wir auf die Geschichte vom Schwimmunterricht (W.B.a.m.F. Seite 28 und hier im Anhang unter 3.) zu sprechen. Erst als ich diese zu Ende erzählt habe, realisiere ich die Tränen in ihren Augen und hadere kurz mit meinem Gewissen. Klar möchte ich mit meiner Geschichte die Menschen wach rütteln. Aber mit so viel Erschütterung habe ich nicht gerechnet! Durch ihre Reaktion wird mir aber auch die Besonderheit dieses Horrorszenarios bewusst. Denn für Außenstehende ist dieses Kapitel durch die nachvollziehbare Todesangst ein Schlüssel. Sie können meinen ständigen Horror, bzw. den Horror jedes Mobbingopfers in dieser Situation konkret nachfühlen. Für mich ist dieses Ereignis, welches durch die Dreistigkeit des Täters und die Blindheit und Hilflosigkeit des Lehrers besonders bitter Gewürzt ist, damals nahezu alltäglich.

Mir wird bewusst, dass mir solche Reaktionen in Zukunft

öfter begegnen werden. *Das ist nicht schön, scheint aber leider notwendig zu sein, damit sich etwas verändern kann.*

Nach über einer Stunde beenden wir unser Gespräch und treten aus dem kleinen Aufnahmeraum wieder in die reale Welt. Ich sehe, dass auch der Tontechniker, der während unseres Gesprächs die ganze Zeit hinter mir, nur durch eine Glasscheibe getrennt, im Nebenraum saß, ebenfalls sichtlich ergriffen ist.

Die Redakteurin führt mich durch das große Gebäude bis zur Ausgangstür und bedankt sich noch einmal für meinen Mut und die Offenheit. Ich bedanke mich bei ihr für die Möglichkeit, meine Geschichte erzählen zu dürfen und für ihr Engagement gegen Mobbing.

Beim Verlassen des Gebäudes weiß ich: *Mein Buch hat bereits zwei weitere Menschen verändert. Aber es kann und wird noch so viel mehr bewirken.*

Einige Wochen später werden meine Erzählungen in eine Livesendung am Vormittag dazu geschnitten. Ich sitze alleine zu Hause vor dem Laptop und höre von der geladenen Expertin immer wieder Sätze wie, „...ja, dies ist typisch bei Mobbing... nein, das Opfer hat alleine keine Chance da rauszukommen",... die mich im gleichen Maße erstaunen und bestätigten. Nachdem ich mich selbst die Geschichte vom Schwimmunterricht habe erzählen hören, sagt die Expertin allerdings etwas, was in meinem Kopf sofort die Verknüpfung zu einem anderen Erlebnis hervorruft. „... der Täter forderte den Lehrer heraus,... Katharina war ein zufälliges Opfer, ...nur eine Schachfigur,...".

Ich muss sofort an jene Geschichte denken, die sich erst Monate zuvor vor meinen Augen abspielte und bei der ich mich seither frage: *Was soll MIR dieses Schauspiel sagen? Warum musste ICH das mit ansehen?* „Schachfigur! Schachfigur! Schachfigur!" hämmerte es durch meinen Kopf und endlich habe ich verstanden, warum ausgerechnet ICH diese „Schach matt" Situation beim Schullandheim meines Sohnes (W.B.a.m.F. Seite 154 und im Anhang unter 4.), miterleben musste. *Nur eine Schachfigur! Na klar! So, wie dem kleinen Jungen das Warten langweilig wurde und er gegen die Figuren trat, so war auch ich nur die Schachfigur für meinen Untertaucher. Oder... ist das jetzt doch etwas zu weit hergeholt?*
Nein, ich denke nicht! Wenige Tage zuvor hat mir jemand gesagt: „...jeder, der Dir im Leben begegnet, hat ein Geschenk für dich..."! Ich habe das Geschenk bzw. die Botschaft des Jungen, der damals die Schachfiguren umgetreten hat, soeben verstanden: „He, das war damals alles nicht wegen **Dir**! **Du** warst nur eine **Schachfigur**!"

Ok, ich war also nur eine Schachfigur, ein zufälliges Opfer- zur falschen Zeit am falschen Ort!?
Dies unterstreicht auch die zahlreichen, allgemeinen, wissenschaftlichen Aussagen, dass **jeder** zum Mobbingopfer wer-den kann.
Diese Erklärung hat für mich nur einen Haken: Ich glaube nach wie vor nicht an Zufälle!
Es muss also noch etwas geben, warum **ausgerechnet ich** die gesamten 11 Jahre meines Schullebens so von meinen Mitschülern behandelt wurde.
Diese Frage zernagt meine Seele über so viele Jahre und

auch wenn ich weiß, dass es keinen Grund für Mobbing gibt und ich schon so manche Erklärung dafür finden konnte, ist mir klar, dass ein wichtiger Schlüssel noch fehlt. Mein Opferdasein endet nämlich keineswegs mit dem letzten Schultag. Auch danach fühle ich mich in einer Gruppengemeinschafft jeglicher Art schon nach kurzer Zeit nicht mehr dazugehörig, sondern verletzt, angegriffen oder verstoßen.

Egal, ob ich mit zwei oder drei Freunden zusammen bin und diese sich kurz untereinander, statt mit mir, unterhalten, ob ich auf Freizeiten bin oder in der Ausbildung in ein ganz neues Klassengefüge komme „Ich gehöre nicht dazu!" Diese Lektion habe ich 11 Jahre, Tag für Tag schmerzlich gelernt, wie könnte ich also plötzlich etwas Anderes empfinden?!

Auch wenn ich mit der Zeit erkenne, dass meine Mitmenschen mir in dieser Situation oft gar nichts Böses wollen, komme ich immer wieder in Mobbingsituation-en und finde mich in meiner alt bekannten Rolle wieder, oder nehme mich, zumindest im ersten Augenblick, wieder als Opfer wahr.

Als erstes Beispiel diese Verständliche und verzerrten Wahrnehmung dient folgender harmloser Streich bei einer Ferienfreizeit, bei der ich auf Grund eines früheren Erlebnisses im Schullandheim auf Hallig Hoge für einen Augenblick komplett die Kontrolle verliere.

Wirklich nur Spaß!

Ich liege an einem herrlichen Sandstrand auf Korsika. Als ich mich vor gut einer Woche von meinen Eltern verabschiedete und in den Bus stieg, kannte ich keinen von diesen netten Leuten um mich herum. Doch schon auf der Fahrt habe ich mich mit drei Mädchen angefreundet. Auch mit den anderen Jugendlichen verstehe ich mich ganz gut. Ich genieße es, mit meinem gerade bestandenen Realschulabschluss in der Tasche, die Schulhölle (vermeintlich) endgültig hinter mir gelassen zu haben und träume neben meiner neuen Freundin vor mich hin.

Wenige Meter von uns entfernt spielen ein paar Jungs Beachvolleyball. Der Ball fliegt in unserer Richtung, landet aber zu weit entfernt, als dass ich ihn hätte abfangen können. Einer der Jungen kommt an uns vorbeigerannt, um Ihn wieder zu holen. Beim Rückweg rennt er direkt an mir vorbei und ruft „Hallo du Schlafmütze, ...mach mit!", während er mir den Sonnenhut vom Kopf reißt. Statt des Balls wirft er seinem Freund meine Kopfbedeckung entgegen und ruft: „Hier fang!".

Ein Mensch ohne Trauma sieht einen harmlosen Spaß und einen freundlich gemeinten, wenn vielleicht auch etwas forschen Versuch der Kontaktaufnahme.

Alles was ich in dieser Sekunde jedoch wahrnehmen kann ist: *Schon wieder ich!* Und: *Warum hat der es jetzt auch auf mich abgesehen?*

So blitzartig dieses Gefühl durch meinen Körper jagt, so blitzartig springe ich auf: „He Du Ar...! Was soll das! Gib mir sofort meinen Hut zurück!", kreische ich ihm hinterher und schlucke meine Tränen hinunter. Als ich

bemerke, wie mich dutzende Blicke verwundert, verständnislos und mitleidig zugleich anstarren, lasse ich mich geschockt und verschämt in den heißen Sand fallen.
He, DER hat es doch nun echt nicht so gemeint. Du kannst diese Situation nicht mit der aus dem Schullandheim auf Hallig Hooge vergleichen., als ein Junge dir den Sonnenhut vom Kopf gerissen hat (W.B.a.m.F. Unsichtbarer Begleiter, Seite 60 und hier im Anhang unter 5.).
Das ist jetzt aber auch schon egal! Nach diesem Ausbruch mag mich jetzt sicher keiner mehr.
Ich wünschte, ich könnte ihnen allen mein Verhalten erklären., denke ich weiter und starre auf den Sand vor mir, als müsste ich jedes einzelne Körnchen zählen.
Es dauert keine Minute, da wirbeln eilige Schritte den Sand vor meinen Augen auf. "He, entschuldige bitte! ... Es tut mir leid! ... Ich wollte dich nicht verärgern! ... Hier hast du deinen Hut zurück! ... OK!" „Ich...ich weiß..., entschuldige bitte! DU hast es nicht böse gemeint, ...aber,... ach egal. Danke für meinen Hut..." stottere ich und versuche ihm dabei in die Augen zu sehen.

Damals schaffe ich es nicht, das Offensichtliche zu formulieren, weil ich mich zu sehr schäme und die alten Überzeugungen noch immer in mir verankert sind. Einen, bildlichen Einblick, in mein Gefühlsleben, wenn mich solche Situationen wie Wellen umhauen, gibt folgende Geschichte.

__Kalt erwischt__

Ich stapfe durch heißen Sand.
Schon seit Tagen rieche ich das Meer und auf der Suche nach dem kühlen Wasser fixiere ich den Horizont.
Nun ist es fast zum greifen nahe und mit jedem Schritt wird mein Geist leichter, mein Körper scheint zu schweben und meine Seele singt ihr schönstes Lied.
Berauscht von diesem Gefühl erreiche ich endlich das ersehnte Ziel und spüre das heilende Wasser an meinen Zehen. Ich gehe noch ein paar Schritte weiter, dann bleibe ich erleichtert stehen. Das erfrischende Nass umspült meine schmerzenden Beine und durch das sanfte schaukeln graben sich meine Füße immer tiefer in den weichen Sand.
Genau das habe ich so unendlich lange so unendlich vermisst! Jetzt bin ich da, jetzt bin ich am Ziel, jetzt bin ich vom Glück erfüllt.
Ich schließe meine angestrengten Augen und alles was mich lähmt, was mich fesselt und quält splittert von mir ab. Alles Böse, aller Schmerz und alle Gefahr die ich in weiter Ferne noch blass erkenne, erscheint mir vollkommen unwirklich.

Versunken im Tanz mit diesem leichten Gefühl bemerke ich nicht, wie sich die Gefahr mit immer lauter werdendem Rauschen aufbäumt.
Plötzlich verlieren meine vergrabenen Füße ihren halt.
Vor Schreck reiße ich meinen Mund und meine Augen auf, als mir im selben Moment die Gischt in das Gesicht peitscht. Das salzige Wasser schießt meine Speiseröhre

mit einem stechenden Schmerz hinunter und löst einen sofortigen Würgereiz aus.

Der gewaltige Druck reist meinen Körper nach unten und meine Gliedmaßen schlagen unkontrollierbar um mich.

Erst jetzt realisiere ich die riesige Welle, die soeben über meinem Kopf zusammenschlug.

Ich versuche mich schwimmend aus dem tosenden Strudel zu befreien, doch statt türkiesblauem Wasser sehe ich überall nur aufgewirbelten Schlamm und stoße immer wieder gegen den harten Sandboden. Die ungebremste Naturgewalt schleudert mich mit ungeahnter Kraft umher und ich bin vollkommen orientierungslos. Bevor ich die Besinnung verliere sendet mein Gehirn den letzten, klaren, rettenden Befehl an meinen Körper: „ Ich darf nicht mehr dagegen ankämpfen. Ich muss mich von der Welle treiben lassen!"

Mein Rumpf wird steif wie ein Brett und meine Gliedmaßen strecken sich.

Dann hebt mich eine unsichtbare Kraft nach oben und mit einem gewaltigen Rauschen spuckt mich eine Welle an Land.

Erschöpft hebe ich den Kopf, huste das salzige Nass aus meiner Lunge und reibe mir die brennenden Augen. Mechanisch beginne ich langsam die kleinen Schrammen auf meiner Haut vom Sand zu befreien und mich aufzusetzen.

Eine Zeitlang verweile ich regungslos, um mich von der heftigen, gerade überstandenen Lektion zu erholen.

Die Sonnenstrahlen überziehen meine Haut währenddessen mit einem leichten Prickeln.

Der Himmel strahlt über mir und das wieder türkisblau schimmernde Meer lächelt mich an. Ganz sacht kitzelt es mich vereinzelt an den Zehen und sein leises Rauschen klingt wie ein Lied, welches es mir zur Entschuldigung singt:

Ich bin das Meer,
Komme immer irgendwo her.
Mal sind meine Wellen ganz sanft und mild,
Mal aber sind sie laut, tosend und wild.
So vieles bewegt mich, das macht mich unberechenbar.
Aber grausam, unlogisch und willkürlich bin ich nur scheinbar.
Denn genau wie das echte Leben,
Bringe ich wieder, was mir gegeben.

Ja, so ist es.
Das Meer und das Leben.
Wann, warum, welche Welle kommt und wie groß, wie stark oder wie gewaltig sie uns erwischt, können wir oft nicht vorhersehen.
Im Nachhinein aber ist doch vieles nachvollziehbar.
Manchmal können wir aus diesen Erfahrungen lernen und uns eine Strategie für die nächste Monsterwelle überlegen.
Aber es gibt auch immer wieder Wellen, die uns kalt und unvorbereitet überkommen.

Lächelnd stehe ich auf und gehe ein paar Schritte nach vorn.
Meine Füße vergraben sich wieder im nassen Sand und

die kleinen Wogen umspülen meine Beine erneut.
Was auch immer da auf mich zukommt, ich laufe nicht davon, ich verstecke mich nicht, ich stelle mich.

Ich schaue in das klare Wasser unter mir und erkenne wie in einem polierten Spiegel das vertraute Gesicht meiner Seele.

Ungefähr ein halbes Jahr nach der Geschichte auf Korsika schlittere ich in eine weitere Situation, die ähnliche Gefühle in mir auslöst. Dieses Mal gelingt es mir, viel bedächtiger zu reagieren als noch am Strand.
Dennoch bleibt mein Verhalten in dieser Situation für meine Mitmenschen komplett überzogen, während es für mich nur die Einlösung eines Versprechens ist, dass ich mir selbst viele Jahre zuvor gegeben habe.

Wieder Opfer!??

Weil ich nach meinem Schulabschlusses nicht genau weiß, welche Ausbildung ich machen soll, melde ich mich zur Überbrückung für ein Jahr an einer Hauswirtschaftsschule an. Wir sind eine kleine Klasse mit ca. 15 Mädchen und zwei Jungen. Zu Beginn sind wir uns alle fremd und alle komplett unterschiedlich. Wir erkennen aber schnell, dass diese Vielfalt unsere gemeinsame Stärke ist. Ich habe schon nach wenigen Tagen ein paar echt gute Freundinnen und es gibt eigentlich niemanden in dieser Klasse, mit dem ich mich nicht verstehe.

Einmal stehe ich auf diesem riesigen Pausenhof der Berufsschule und denke: *So schön kann also Schule sein.* und: *So fühlt sich also an eine Klassengemeinschaft zu haben.*

Wir verstehen uns so gut, dass wir uns auch in der Freizeit öfter verabreden. Ein Mädchen arbeitet in einem Schuhgeschäft in der Innenstadt. Wenn sie Feierabend hat, hole ich sie oft dort mit einer weiteren Klassenkameradin ab. Dann bummeln wir durch die Läden, gehen etwas Essen oder ins Kino. In dieser Zeit lerne ich auch meinen heutigen Mann kennen und die Mädels freuen sich alle aufrichtig mit mir.

Am letzten Schultag vor Weihnachten klingelt es an unserer Tür. Schon vom Fenster aus erkenne ich einen der beiden Jungs. „Hallo. Das ist ja eine Überraschung. Was machst du denn hier?" „Wir haben doch heute gewichtelt. Da du krank bist und nicht in die Schule gekommen bist, kommt dein Wichtelgeschenk jetzt zu dir."

Diese kleine, freundliche Geste verschlägt mir fast die

Sprache. „Das ist ja nett! Danke!... Du warst wohl gerade in der Nähe.", sage ich während ich das Geschenk entgegen nehme. „Nein, ich war nicht. Aber du bist Krank und darum habe ich es dir halt vorbei gebracht.". So normal das für meine neuen Freunde und andere Menschen auch sein mag, so neu und besonders ist diese Erfahrungen in diesem Moment für mich.

Alles läuft ganz normal und ich glaube erneut, den Schatten der Fratzen entkommen zu sein.

Wenige Wochen später aber kommt der Tag, der für mich wieder alle Schatten in die Gegenwart zurückholt und der Moment, in dem ich nur einen Entschluss fassen kann.

Die Arbeit zur Zwischenprüfung in Chemie steht an. Da ich aber immer noch die Überzeugung *„Das kapiere ich ja eh alles nicht!"* , in mir trage, hilft mein Büffeln natürlich nicht allzu viel. Ich setzte mich wie abgesprochen neben eine der wenigen Personen, von der ich weiß, dass sie mir helfen kann. Gerade habe ich es mir so bequem wie möglich in dieser Situation gemacht, da kommt ein Mädchen auf mich zu. „He, Katharina, kann ich bitte hier sitzen. Ich habe nämlich keinen Plan von der Arbeit und die Sonja, Mellissa und Jasemin auch nicht. Wenn ich hier sitze, kann ich bei Frank abschauen und die anderen dann bei mir...!" „Sorry, aber ich kann es doch auch nicht...", flüstere ich und schaue sie ratlos an.

„Ach komm schon, bitte, sei doch nicht so! Hilf uns doch bitte! Tu uns doch bitte den Gefallen! ..."

Ihre Worte werden in meinen Ohren immer leiser, und das Flüstern meiner inneren Stimme immer lauter: *Ich für die anderen? ...Und was tun die anderen für mich? Sie hat mir gar nicht zugehört?! Es interessiert sie gar nicht, wie es mir geht! Egal, was ich jetzt noch sage, ich habe verloren, der Hass meiner Mitschüler ist mir sicher und alles geht von vorne los?*

Dann machen meine Gedanken eine abrupte Vollbremsung und ich erinnere mich an einen Schwur, den ich mir damals in der Mobbinghölle selbst gegeben habe: „Ich halte diese Hölle genau **dieses eine Mal** bis zu meinem Realschulabschluss durch! Danach aber werde ich mich nie wieder so etwas aussetzen. Sollte ich noch-mal so behandelt werden, schütze ich mich selbst und beende es."

Dieses Versprechen fordert meine innere Stimme inzwischen aus voller Kehle ein: *Los! Jetzt! Jetzt machst du es. Jetzt stehst du auf, nimmst deine Sachen und gehst!*

„Komm schon, ..., jetzt sei doch sozial, bitte..." plätschert das Mädchen neben mir noch immer seine Sätze runter, als ich mir dabei zusehe, wie ich meine Sachen vom Tisch einsammle, meine Schultasche nehme und den Raum verlasse. Mein innerer Triumpf ist so laut und ich fühle mich so groß, dass ich die Reaktionen meiner Mitschüler nur von Ferne höre: „Oh danke, das ist so lieb, dass du dich wo anders hinsetzt......Äh, he wo gehst du denn hin?"

„Es geht mir nicht gut, meldet mich bitte bei der Lehrerin krank", rufe ich winkend, ohne mich noch einmal umzudrehen.

Als ich einige Tage später noch einmal an diese Schule zurückkehre, um meine Sachen abzuholen und um mich doch noch mal von meinen Freundinnen zu verabschie-

den, antworte ich auf die Frage, warum ich nicht mehr komme, nur mit der halben Wahrheit. „Da ich immer noch nicht weiß, was ich für eine Ausbildung machen möchte, suche ich mir jetzt verschiedene Praktika, denn wenn ich noch ein halbes Jahr länger hier herumsitze, finde ich es auch nicht heraus."
Für den anderen Teil der Wahrheit, habe ich damals weder den Mut noch die richtigen Worte.

Wieder einige Monate später werde ich bei meinem ersten Ausbildungsversuch zur Arzthelferin in einer Gemeinschaftspraxis allerdings tatsächlich raus gemobbt.

Aussortiert

Auch auf dieser Berufsschule zur Arzthelferin habe ich keinerlei Probleme. Ich verstehe mich mit allen aus meiner Klasse und meine Noten sind gut.

In der Praxis heißen mich die älteren Kolleginnen im Team herzlich Willkommen. Vor allem Susi erklärt mir jeden Arbeitsschritt geduldig und vermittelt mir die Freude daran, anderen Menschen helfen zu können. Auch zwei der drei Ärzte sind immer sehr nett zu mir.

Doch die dritte Chefin lässt schon zu Beginn der Ausbildung durchblicken, dass ihr zwei neue Auszubildende eigentlich zu viel sind. Ich bin nämlich nicht die Einzige. Mit mir beginnt auch Nele ihre Ausbildung. Dazu kommt, dass Anja ihr erstes Ausbildungsjahr wiederholen muss.

Nele löst diese ungute Situation auf ihre Weise. Sie schleimt sich so sehr bei der Chefin ein, dass man manchmal das Gefühl hat, die beiden wären siamesische Zwillinge und das Gesicht der Auszubildenden wäre am Rücken der Ärztin festgewachsen.

Ich gehe meiner Arbeit, vielleicht etwas zu schüchtern, aber konzentriert und gewissenhaft nach.

Anja wiederum ist die Unsicherheit wegen ihres Versagens im letzten Jahr anzumerken. Auch wenn sie stets angestrengt ist, ihr „alles ist gut" Lächeln nicht zu verlieren, spricht aus ihren Augen täglich die Angst, es wieder nicht zu schaffen und dann keine neue Chance mehr zu bekommen. Genauso falsch wie dieses Lächeln ist oft auch ihre Freundlichkeit. Wir haben nie einen echten Streit miteinander, aber ich merke, was für eine Demütigung es für sie ist, mit mir in einer Klasse zu sitzen und oft nicht die besseren Noten zu haben. Immer häufiger spüre ich, wie sie mir giftige Blicke hinterher-jagt oder höre sie hinter meinem Rücken tuscheln. Da-her ist es für mich nicht verwunderlich, dass es schließlich auch Anja ist, die mich bei der etwas schroffen Chefin anschwärzt und übelste Lügen über mich erzählt.

Diese ruft mich an jenem Tag kurz vor der Mittagspause in ein Sprechzimmer. „Warte kurz. Setz dich hier hin. Ich bin gleich wieder da.", sagt sie, mit noch härterem Ton als sonst, zeigt kurz auf die Liege im Raum und rauscht davon.

Ich hatte die letzen Tage schon ein komisches Gefühl, wenn sie mit mir sprach. Aber jetzt wird mir mit einem Wimpernschlag speiübel. Die Wände scheinen, in immer schneller werdenden Drehbewegungen auf mich zu zu-kommen, während sich der Boden krachend öffnet und ich in einem tosenden Strudel zu versinken drohe. *Nein!* , denke ich verzweifelt und weiß doch im selben Moment, dass mich mein Stoßgebet nicht mehr retten kann. *Nein bitte nicht! Nicht das auch noch! Ich will nicht gefeuert werden! Ich will nicht wieder versagen und mit nichts dastehen. Ok, hier ist nicht immer alles super, aber es ist gut und es macht mir Spaß! Ich will... Bitte!...*, fleht mein Herz stumm weiter, während mein Verstand ruhig und klar feststellt: *Doch, so ist es. Jetzt wirst du gefeuert!*

Nach endlosen Minuten öffnet sich die Tür und die Ärztin drückt mir einen Zettel in die Hand. Ganz dumpf nur höre ich ihre Argumente, die sie selbst nicht zu glauben scheint. „Mir wurde erzählt, du warst sehr unfreundlich

zu den Patienten, …hast am Empfang gegessen statt zu arbeiten,… bist immer zu spät gekommen und viel zu früh nach Hause,… Deshalb entlasse ich dich hiermit fristgerecht am Ende der Probezeit…".
Für einen kurzen Moment verspüre ich den Impuls, meine Sicht der Dinge zu schildern und all die Lügen klarzustellen, aber dann realisiere ich: *Dies hier ist keine Anhörung. Es ist die Urteilsverkündung und meine Hinrichtung zugleich.*
Die Ärztin verabschiedet sich knapp von mir. Ich gehe in den Aufenthaltsraum um meine Kleidung zu wechseln und meine Tasche zu holen. Susi und Anja sitzen gerade beim Mittagessen. „Hallo, wir haben schon auf dich gewartet. Komm her und setzt dich", sagt Susi. Ich gehe wortlos an ihr vorbei, hole meine Sachen aus dem Schrank und ziehe mir den neu gekauften Arzthelferinnenkittel aus. „Was ist los? Geht's dir nicht gut?" Susi ist nun ernsthaft besorgt um mich und will sich gerade erheben, als ich mit meinen Habseligkeiten bewaffnet zu ihr trete, die Hand reiche und stottere: „Tschüss Susi! Es war schön dich kennengelernt zu haben. Danke für alles! Ich wünsche Dir noch ein schönes Leben." „Aber Katharina! Was ist denn los?" „Sie hat mich entlassen.", presse ich zwischen den Lippen und heraus fühle mich, als hätte ich ihr gerade auf das Mittagessen gekotzt. Dann verschwimmt ihr entsetztes Gesicht hinter meiner Tränen. „Mach`s gut!", lautet mein letzter Gruß. Dann verlasse ich fluchtartig den Raum. Bevor sich die Tür hinter mir schließt, kann ich Anja triumphierend grinsen spüren.

So endete ein weiterer Versuch nach der Schulhölle in eine andere Rolle zu schlüpfen, wieder im Opferdesaster.

Welch typisches Beispiel diese Geschichte für Mobbing ist, wird mir aber erst jetzt beim Schreiben richtig bewusst. Diese Tatsache und die Feststellung, dass ich damals schon früh geahnt habe, dass **ich** gefeuert werde, zeigt mir, wie sehr ich all die Jahre in meiner Rolle gefangen war. Zudem wird mir klar, warum ich nichts daran ändern konnte, obwohl ich es habe kommen sehen. Mir war klar: eine von uns muss gehen. Ich wollte es dieses Mal zwar nicht sein, aber durch die Opferprägung in meinem Unterbewusstsein, musste ich diese Rolle erneut erfüllen.

Das Aufzeigen all dieser verschiedenen, echten und scheinbaren Mobbingsituationen unterstützen die fatalste aller Annahmen, die es für ein Opfer gibt: *„Ich bin also doch selber schuld!"*

Diese Überzeugung scheint schon immer in meinem Herz zu sitzen, obwohl ich weiß, dass sie nicht stimmt.

Die passende Antwort auf diesen Widerspruch und viele Fragen scheinen hinter einer Tür aus milchigem Glas verborgen. Den Schlüssel kann ich in meiner eigenen Überzeugung zwar erahnen, aber nicht finden. Alleine zumindest nicht.

Erst mit Hilfe von Mentaltraining gelingt es mir, die verborgenen, versöhnlichen Erkenntnisse und den wahren Schlüsselsatzes zu entdecken. Den Schlüsselsatz, mit dessen Hilfe ich endgültigen meinen inneren Frieden mit meiner ehemaligen Opferrolle schließen und endgültig hinter mir lassen kann.

3. HILFE SUCHEN UND ANNEHMEN

Ich gebe zu, anfangs muss ich mich überwinden Hilfe zu suchen und sie auch anzunehmen, denn mit diesem Schritt gestehe ich vor mir selbst und anderen Menschen Probleme ein, die ich alleine nicht bewältigen kann. Dieses Eingeständnis widerspricht jedoch meinem tiefsten Instinkt. Denn meine Überlebensstrategie, die mich meine 11 Schuljahre gelehrt haben, lautet bis dahin: *Verstecke deine Schwächen!*

Doch ich werde mir immer mehr der Notwendigkeit dieses Schrittes bewusst und mein Verstand verscheucht das Zögern mit einer pragmatischen Feststellung:

Schließlich gehe ich auch zum Arzt, wenn mein Körper krank ist. Also muss ich meiner Seele doch auch helfen lassen!

In „W. B. a. m. F." beschreibe ich im Kapitel „Verschwunden" (Seite 170 und hier im Anhang unter 2.) bereits, wie ich mit mentalem Training und Hilfe einer Freundin anfange, die offensichtlichen und versteckten Traumata meiner Seele aufzulösen. Seit diesem Zeitpunkt durchforsten wir regelmäßig mein Unterbewusstsein und räumen es gründlich auf.

Wir löschen nicht nur all die Verknüpfungen der negativen Emotionen zu den Erinnerungsblitzen, sondern finden auch Antworten auf die verschiedensten Fragen. Manche erwischen mich eiskalt, andere, wie die folgende, verwirren mich im ersten Moment komplett.

Fremdes Gefühl

Beim ersten Termin haben wir meine emotionalen Verbindungen zu der Geschichte „Der Fratzenmob" (in W. B. a. m. F. Seite 12 und hier im Anhang unter 6.) aufgelöst. Das bedeutet, vorher saß ich immer, von den Gestalten umzingelt, dort in der Ecke, wenn diese Szene in meinem Kopf aufblitzte und mich überrollte. Genau dieselben Ängste, Trauer und Wut, wie vor über 20 Jahren.

Seit diesem Termin sehe ich diese Ecke nur noch aus der Vogelperspektive, das ganze Treppenaus ist leer und die schrecklichen Gefühle sind verschwunden. In mein-er emotionalen Erinnerung ist es, als hätte ich diese Situation nie erlebt.

Ein paar Tage nach diesem Termin sitze ich auf meinem Sofa und betrachte dieses neue Bild noch immer vollkommen ungläubig. Ich gehe jeden Moment der Geschichte durch, um zu überprüfen, ob all die negativen Gefühle auch wirklich weg bleiben. Plötzlich durchfährt mich an einem bestimmten Punkt doch wieder ein Blitz. Es ist der Moment, als ich meiner Lehrerin ins Gesicht schaue und mich diese furchtbaren Schuldgefühle durchzucken.

„Prima…", sagt meine Freundin, als ich das nächste Mal bei ihr bin. „…dann machen wir genau da weiter…Versetze dich gedanklich genau in diesen schlimmsten Moment, wo du der Lehrerin in die Augen schaust…" *Will ich das jetzt wirklich schon wieder?*, frage ich mich, während ich es mir auf ihrer Liege bequem mache. Sie beginnt wieder all meine bewussten und unbewussten

Gefühle aufzuzählen. Nach und nach bemerke ich, wie auch diese wieder verschwinden.

„Versetze dich jetzt wieder in diesen Augenblick und …", sagt sie geraume Zeit später, aber ich höre das Ende ihres Satzes nicht, denn die Gewissheit, die mich plötzlich durchströmt, scheint mir absurd. Auch meine Freundin schaut plötzlich verwundert. „Ach, das sind ja gar nicht **deine** Schuldgefühle." „Das habe ich auch gerade bemerkt!", stammle ich noch immer ungläubig und die Tatsache, dass **sie** weiß und ausspricht, was **ich** gerade denke, macht meine Verwirrung perfekt. „Weißt du auch, wem seine es sind?", fährt sie fort. „Es sind, …". „Das sind die meiner Lehrerin!", flüstere ich und es scheint, als höre ich tausend fremde Gedanken durch den Raum schwirren *Hätte ich doch nur, … Hätte ich doch nicht noch… Wäre ich doch nur früher gekommen…*.

„Ganz genau so ist es. Es sind **ihre**.
Und dich belastet es ab jetzt nicht mehr!" sagt sie abschließend.

So nachvollziehbar die Gedanken und Gefühle der Lehrerin in der damaligen Situation auch sind, so gespenstisch ist es, dass der milchige Film auf der Glasscheibe plötzlich verschwunden, die Tür offen und ich von diesen Emotionen befreit bin.

Immer wieder stoßen wir auf ähnliche Erkenntnisse. So manches Schuld- oder Minderwertigkeitsgefühl ist nicht meines, sondern das der Lehrkräfte, die in den einzelnen Situationen doch nur eine Randfigur zu spielen schienen.

Andere Gefühle und Überzeugungen wiederrum haben ihren Ursprung bei meinen Vorfahren.

Sie haben sich von Generation zu Generation auf mich übertragen und wuchern unerkannt wie Geschwüre auf meiner Seele vor sich hin, bis sie beim passenden An-lass körperlich spürbar nach außen brechen.

Am Vormittag meiner ersten Lesung überkommt mich beispielsweise solch eine Überzeugung, obwohl ich meine Ängste und Sorgen über dieses Ereignis Tage zu-vor schon beim mentalen Training aufgelöst habe. Auch wenn ich selbst Anfangs denke, dass es sich um normal-es Lampenfieber handelt, weiß ich es von einer Sekunde auf die andere besser.

Mehr als nur Lampenfieber

Die Kinder sind an diesem Vormittag im Februar bereits in der Schule. „Wir habe noch eineinhalb Stunden Zeit, bis wir das Auto zu deinen Eltern bringen und zum Zug müssen.", sagt mein Mann und setzt sich an den Frühstückstisch. Ich nicke stumm und mustere unser Gepäck, um mich mal wieder zu vergewissern, dass ich al-les eingepackt habe.

Dann schlendere ich weiter in die Küche, denn wie so oft in letzter Zeit gibt mein Magen ein ungutes grummeln von sich. „Irgendwie habe ich auch noch Hunger", murmel ich vor mich hin, „aber, was soll, was **kann** ich denn essen, ohne das mir wieder,…?" Ich öffne eine Schranktür. Bereits beim Anblick des Inhaltes wird mir flau. Aber ich greife dennoch entschlossen nach einem Müsliriegel. *Egal jetzt! Ich kann das ganze, magenschonende Laugengebäck nicht mehr sehen. Ich brauche etwas Süßes! Das wird schon gut gehen.*

Fast verstohlen schleiche ich mich am Esstisch vorbei nach oben ins Schlafzimmer. Als ich den Raum betrete bricht die Sonne durch die Wolkendecke und wirft einen einladenden Schein durch das Fenster auf mein Bett. *Na wenn das kein Zeichen ist! Selbst der Himmel sagt: alles wird gut!* Lächelnd lege ich mich mit meiner frisch gewaschenen Kleidung auf das bereits gemachte Bett. *Nun entspanne ich mich und esse in aller Ruhe diesen Müsliriegel.* Mit einem zufriedenen Lächeln im Gesicht öffne ich das knisternde Papier und will gerade voller Genuss zubeißen, als mein Körper ein gewaltiges Zuck-en durchzieht. Es fühlt sich an als würde ein ICE gerade mitten durch dieses Zimmer jagen und seine Druckwelle mir die Hand vom Mund reißen. Dann ist der ganze Raum mit einer unüberhörbar kreischenden Feststellung erfüllt: *Ich darf nicht! Ich darf ihn nicht essen! Damit gefährde ich alles! Wenn ich davon wieder Magenkrämpfe bekomme und mich dieses Mal womöglich übergebe, muss ich die Lesung absagen. Meine ganze Arbeit der letzten Monate wäre umsonst. Die Menschen, die dort seit Monaten alles Vorbereiten wären enttäuscht und ich könnte mir das selbst nicht verzeihen!*

Nach ein paar Sekunden der Schockstarre beginne ich diese Überzeugung systematisch zu betrachten, wie ich es von meiner Mentaltrainerin gelernt habe. *Was genau darf ich nicht? Den Müsliriegel essen? Nein, natürlich geht es nicht um den Müsliriegel. Also: was genau darf ich nicht?... **Ich darf nichts sagen!** Aber... was darf ich nicht sagen? **Ich darf unter gar keinen Umständen etwas sagen. Wenn ich mein Schweigen breche, mache ich mich verletzbar,... angreifbar,... und,...dann gibt es ...Streit, ...Verleumdungen, ...böses Blut...! Ich darf diese Lesung heute Abend nicht halten!** ...Wenn ich etwas sage, muss ich sterben!"*

Ich richte mich auf und blinzle in die Sonne. Ich bemerke, wie mein Körper mit jedem einzelnen Wort, das in mein Bewusstsein tritt, zu neuen Kräften kommt und sich entspannt. *Puuh!* **Das** *schlägt mir also seit Wochen auf den Magen! Kein Wunder, das ich von so einer heftigen Überzeugung Magenkrämpfe bekomme. Nun habe ich immerhin schon einen Teil entlarvt. Aber,...* **woher**, *bzw.* **von wem** *kommt diese panische Angst? Ich selbst bin*

doch nie um ein offenes Wort verlegen.
Im ersten Bruchteil einer Sekunde meine ich zu wissen, dass diese Überzeugung das Gesicht meiner Mutter trägt, doch dann fällt diese Maske ab und ich erkenne dahinter die wahre, ursprüngliche Besitzerin dieser panischen Todesangst. *Oma! Natürlich!* Wie oft habe ich von ihr den Satz „Sag jetzt bloß nichts!" gehört und wie viel öfter konnte ich die Worte „Darüber wird nicht gesprochen" auf ihrer sorgenfaltigen Stirn lesen.
Hallo Oma!
Arme Oma!
Was auch immer die Ursache dafür sein mag... Warum auch immer du dein Leben lang etwas verschwiegen hast, was du dir doch besser von der Seele gesprochen hättest, ich hoffe, du ruhst jetzt in Frieden.
Mich belastet es ab heute auf jeden Fall nicht mehr., denke ich und weiß doch, das ich dieses Gefühl alleine noch nicht ganz löschen kann.
Darum schicke ich meiner Mentaltrainerin eine Kurznachricht. Als sie auf diese antwortet, sitze ich bereits im Zug „Beobachte das Gefühl weiter in deinem Körper und schreib mir, wenn es sich verändert."
So lösen wir diese „Ich darf unter keinen Umständen etwas sagen" –Überzeugung gemeinsam, vollständig während der Zugfahrt auf.
Nach dem letzten Satzwechsel erreicht mich von der Lehrerin, die mich zu dieser Lesung eingeladen hat, die Anfrage für ein Interview mit der Schülerzeitung. „Klar, gerne." antworte ich und verspüre einen tiefen, inneren Frieden.

Am Ziel angekommen empfängt uns der fremde Bahnsteig mit mildem Sonnenschein. Der Abend mit meiner Lesung und zwei Zeitungsinterviews wird ein voller Erfolg und beim Hotelfrühstück am nächsten Morgen kann ich seit Wochen endlich wieder jeden Bissen genießen.

Es überrascht mich, um ehrlich zu sein, nicht, dass sich Ängste, Probleme und Verhaltensweisen über Generationen übertragen. Denn auch meine Kinder spiegeln mir so viele Themen von uns Eltern, ihren Großeltern oder Urgroßeltern wider. Und auch wenn es auf den ersten Blick manchmal vielleicht ungerecht scheint, dass wir alle die Altlasten unserer Vorfahren als Bürde mit uns herumtragen, ich habe gelernt: Wenn ich diese Gefühle erkenne und vor allem ihren Sinn für mein Leben anerkenne, kann ich sie in Liebe und Dankbarkeit ablegen und mich von ihnen befreien.

Dass sich auch die Erfahrung, gemobbt zu werden, oft durch die Generationen zieht, sehe ich bei meiner Arbeit heute immer wieder. Oft stehen mir Eltern mit ihren Kindern gegenüber und erzählen: „Mein Kind wird gemobbt. Aber ich kenne das schon, bei mir war das früher genau so!"
In diesen Momenten weiß ich, wie wichtig und richtig es war, meine Angst, die mich damals, ein paar Monate vor der Einschulung meines Sohnes jede Nacht überfiel (in W. B. a. m. F. „Die Gewitterfront" Seite 9 und hier im Anhang unter 7.), nicht länger zu verdrängen. Denn durch mein mentales Training verändere ich nicht nur mein Leben, sondern auch das meine Kinder, meiner Familie

und meiner ganzen Umgebung.

Inzwischen bearbeiten wir beim mentalen Training längst auch andere Themen aus meinem aktuellen Leben. Diese zeigt mir mein Körper, leider meist durch Unwohlsein und Schmerzen oder meine Mitmenschen durch ihr Verhalten an.

Während all diese Erkenntnisse der fremden Gefühle eher erlösend für mich sind, stoßen wir auch auf eine schmerzhafte Tatsache:

Mir wird mein Eigenanteil an meiner Opferrolle bewusst. Diese zu erkennen, zu akzeptieren, anzunehmen und mir letztendlich selbst zu verzeihen, ist anfangs sehr schwer, aber auch sehr heilsam.

Denn am Ende dieses Prozesses finde ich den entscheidenden und erlösenden Schlüsselsatz.

4. BEREIT MIR SELBST ZU VERZEIHEN

Die Erfahrungen beim mentalen Training verdeutlichen mir, wie sehr meine eigenen Annahmen nach außen strahlen und mein gesamtes Umfeld beeinflussen.

Erst durch diese Aufarbeitung, wird mir bewusst, dass ich durch meine eigenen Überzeugungen, z.B.: *Die haben ja recht!* und: *Ich habe es nicht anders verdient!,* meine Situation immer wieder neu befeuert und mir durch diese stummen und unterbewussten Zugeständnisse das Wort „Opfer" selber auf die Stirn tätowiert habe. Dies schien für meine Peiniger wie ein Freifahrschein zu sein, um immer weiter zu machen.

Ebenso erkenne ich, dass ich mich unterbewusst mit meiner Opferrolle irgendwann selbst abgefunden und identifiziert habe. Getreu dem Motto: *Besser die Rolle des Opfers übernehmen, als gar keine zu spielen.*

Der Schlüsselsatz lautet aber, wie schon angedeutet, nicht: *Ich bin als Opfert doch selber schuld*!, sondern: *Meine innere Überzeugung ist meine Chance! Meine Chance, etwas in meinem Leben und an meiner Opferrolle zu ändern. Diese Macht liegt nun nicht mehr nur alleine in der Hand der anderen Menschen, sie liegt in meiner Hand.*

Seit der ersten Sitzung erlebe ich, wie sehr sich die Menschen und Dinge verändern, weil ich mich verändere. Nun lerne ich zusätzlich, die Programmierungen in mir zu ändern und eine neue Rolle anzunehmen.

Dazu muss ich mir diese unterbewusste Flucht in die vertraute Rolle und mein stummes Zugeständnis aber erst einmal verzeihen.

Im ersten Moment scheint mir dies eine unüberwindbare Hürde. Ganz langsam nur kann ich entscheidende Wahrheiten erkennen und in mir verankern.

Ich verstehe, dass ich gar nicht anders konnte, weil ich es nicht besser wusste.

Ich lerne anzuerkennen, wer ich wirklich bin und was ich Gutes geleistet habe. Denn auch wenn ich oft und verständlicherweise die Fassung verloren habe: Ich bin nie durchgedreht, habe nie aufgegeben, mich nicht umgebracht und bin nicht Amok gelaufen, wie ich es in den Nachrichten heute leider fast täglich erfahren muss.

Und nicht zuletzt lerne ich mich endlich selbst zu lieben und zu achten. Ich finde nach und nach all die guten und liebenswerten Dinge in mir, von denen mir eine liebe Bekannte einstmals erzählte: „Du bist so ein besonderes, liebenswürdiges, fröhliches, starkes Geschöpf. Bewahre all das gut in dir auf. Ich hoffe, das wirst du nie verlieren..." sagte sie damals, als sie mir meine Tagebücher zurückgab. Die Tagebücher, die ich während meiner Schulzeit an sie schrieb und in denen ich ihr meinen täglichen Kampf in der Mobbinghölle schilderte (W. B. a. m. F. „Stumm- Schreiende Zeugen" Seite 80 und hier im Anhang unter 8.). *Du hast all dies damals schon in mir gesehen, aber leider habe ich es doch verloren, ... irgendwann, irgendwie, irgendwo,* denke ich traurig und entschuldige mich in Gedanken zugleich bei ihr.

Dieses Mal aber versinke ich nicht im Meer der tausend Fragen, sondern finde die richtigen Worte und fasse einen Entschluss:

Wer auch immer

Wer auch immer,
Wie auch immer,
Wann auch immer,
Wo auch immer,
Warum auch immer,
Mir mich *selbst gestohlen hat,*
Heute seh ich`s,
Heute geh ich
Heute nehm ich -
Mir mein ich *zurück.*

Manche Menschen haben noch eine weitere Erklärung, woher die Überzeugungen und Programmierungen in unserem Unterbewusstsein stammen. Sie glauben, dass sie aus früheren Leben stammen. Ob ich das auch glaube, weiß ich nicht. Ich weiß nur: Manchmal tauchen beim Auflösen all der emotionalen Verbindungen plötzlich Bilder von Begebenheiten auf, die mir in diesem Leben nicht passiert sind.

Diese Erklärung klingt mir zu naheliegend, als dass ich sie ablehnen könnte und scheint mir gleichzeitig doch zu fremd, als dass ich davon überzeugt bin. Für den Erfolg des mentalen Trainings ist dies aber nicht von Belang. Die Ursachenforschung wird daher für mich immer unwichtiger.

Wichtig hingegen für mich ist: Ich habe *meinen* Schlüssel gefunden*: Ich war nicht selber schuld, aber ich trug einen Teil der Verantwortung.*

Mit dieser Anerkennung meiner eigenen Teilverantwortung entbinde ich aber keines Falls alle Anderen aus ihrer Verantwortung. Denn auch wenn tausend Mal Opfer auf meiner Stirn tätowiert sein sollte, trifft jeder Täter, jeder Mitläufer, jede Lehrkraft und auch jedes einzelne Mitglied der Elternschaft jeden Tag für sich selbst die Entscheidung, ob er/sie auf ein am Boden liegendes Opfer einschlägt, einfach weg sieht oder hilf-reich einschreitet.

Ich halte diesen Schlüssel nun in *meiner* Hand, kann damit etwas an *meiner* Situation ändern und beruhigt auf *meinen* Wegen weitergehen.

Wie notwendig es ist, dass ich immer auf meinen Wegen gehe, auch wenn sie nicht immer den Wegen der breiten Masse entsprechen, wird mir eines Tages bei einem gedankenversunkenen Herbstspaziergang bewusst.

Meine Wege

Seit Stunden wandere ich an diesem milden Oktobertag zwischen den fremden Feldern umher. Es scheint fast so, als würde ich etwas suchen.
Der frische Wind bringt mich allmählich zum Frösteln, denn wider Erwartend hält eine weiße Wolkendecke die Sonne gefangen.
Aber ich genieße die neue Musik durch meine Kopfhörer und erfreue mich daran, meinen Ausgangspunkt immer in Sichtweite, über weitere Pfade, andere Abzweigungen und neue Trecktorspuren, zu gehen.
An einem holperigen Wiesenweg bleibe ich stehen und träume davon, ihn nach unten zu rennen. Aber aus Sorge um einen Sturz, beschleunige ich meine Schritte nur ein wenig.
Ich bin völlig in mich und der Musik versunken, als ich nun vor dieser weiteren Abzweigung stehe und über-lege, in welche Richtung ich weitergehen soll. *Links? War ich schon. Gerade aus? Da kommt die Straße. Nein! Auf der Straße mag ich jetzt nicht gehen. Ständig nach Autos umsehen, Fahrrädern ausweichen und anderen Spazier-gänger begegnen.*
Automatisch, und mit der sicheren Gewissheit den richti-gen Weg einzuschlagen, biege ich nach rechts und frage mich, warum ich mich so entschieden habe. *Das war ja schon immer so. Ich mag auf kleinen, gemütlichen, unbe-kannten, geheimnisvollen Wegen gehen. Am liebsten querfeldein!* denke ich und erkenne, wie typisch das für mich ist. *Ja, aber warum?*
Dann fällt es mir wie Schuppen von den Augen und die-

ser eine Gedanke erfüllt mich mit Glückseligkeit.
Die Sonne bricht durch die Wolken und taucht den trüben Tag in schönes Licht.
Lachend und weinend zugleich atme ich ein, atme durch und atme auf.
Mit tänzelnden Schritten ziehe ich wie berauscht, mit den Vögeln um die Wette und lasse unbemerkt meinen Orientierungspunkt hinter mir.

*Ganz einfach: Weil es eben meine Wege sind! Ich muss nicht gehen, wo tausend andere gehen und muss nicht sein, wie alle anderen sind. Ich bin ich! Und ich gehe und ich finde eben **meine** Wege!*

Mein Lachen schallt laut über die Felder, als mich eine meiner frühesten Kindheitserinnerungen einholt. Denn wollte ich als kleines Kind bei unseren zahl-reichen Wanderungen einmal nicht mehr gehen, so haben meine Eltern die kleinen, schmalen, geheimnisvollen, unbekannten und verschlungenen Pfade nach mir benannt. „Sie haben es mir immer gesagt!" schreie ich dem Wind entgegen. „ Danke ihr Lieben, jetzt hab ich es auch kapiert."
Erst als einige Zeit später die Musik stoppt und ich sie von Neuem starte bemerke ich an einer weiteren Wegkreuzung, dass ich nicht mehr so recht weiß, wo ich bin. Ich schaue mich etwas prüfend um und hefte meinen Blick an die Hügel am Horizont. *Diese Richtung. Ganz sicher, ich muss in diese Richtung.* Mit pochendem Herzen laufe ich ein Stück weiter, bis die Straße vor mir erscheint. Dieses Mal biege ich erleichtert und gerne in sie ein. *Ok, manchmal mag ich breite Straßen dann doch.*

So hat halt alles seine Zeit, denke ich schmunzelnd, während ich vereinzelten Autos ausweiche. Dann erkenne ich in der Ferne eine Frau, die auf dem Feld arbeitet. Um mich noch mal zu vergewissern, frage ich sie, ob hinter diesem Hügel wieder eine Abzweigung kommt, die mich zu meinem Ausgangspunkt führt. „Ja, da müssen sie zwei Mal abbiegen!" antwortet sie mir mit einem Lächeln.
Ich gehe schon weiter, da ruft sie mir noch hinterher: "Aber das ist kein richtiger Weg. Nur ein Trampelpfad. Die meisten Menschen übersehen ihn." „Das ist genau das, was ich suche!" rufe ich aus tiefster Überzeugung.
Nach wenigen Minuten biege ich ab, schlendere die Wiese entlang, bis, wie von der Feldarbeiterin beschrieben, die nächste Abzweigung kommt. Auch dieser folge ich und erkenne bei der nächsten Wiesenwegkreuzung den Pfad, auf dem ich das Hinunterrennen vorhin noch scheute.
Jetzt renne ich ihn ungezügelt hinunter.
Da ist keine Angst mehr, die mich bremst und kein Zweifel, der mich zurückhält. Da ist nur dieser eine befreiende Gedanke der mich nach so vielen Jahren spüren lässt: *Es ist gut und es ist richtig, wenn ich einfach nur ich bin. Und wenn ich mich schwindelig tanze, die Orientierung verliere, mich verirre, oder hinfalle.*
Selbst wenn ich manchmal nicht genau weiß, wo es hingeht: auf meinen Wegen komme ich immer an meine Ziele.

All diese Erkenntnisse und somit die Erlösung von diesem Blei auf meinen Flügeln wären mir ohne Hilfe verborgen geblieben. Ich hätte den Schlüsselsatz alleine nicht entdecken, die Zusammenhänge nicht erkennen und die nächsten, notwendigen Schritte aus der Mobbing-Opferrolle nicht gehen können. Dadurch, dass ich mir Hilfe gesucht und angenommen habe, konnten viele frühere Fragen beantwortet werden. Andere wiederum sind unwichtig geworden.

Eine ganz heikle Frage jedoch besteht weiterhin und je mehr ich versuche, sie abschütteln, umso stärker heftet sie sich an mein Herz.

Durch verschiedene Begegnungen frage ich mich immer wieder: *Wie wird an meiner ehemaligen Schule heute mit Mobbing umgegangen?*

Am Ende einer Kette von Ereignissen fasse ich einen Folgen –und Segensreichen Entschluss. Ein Schritt, der mir nicht nur diese Frage beantwortet, sondern an dessen Ende ich auch sagen kann: Ja, ich bin...

5. ZUR AUSSPRACHE UND VERSÖHNUNG BEREIT

Es vergeht fast ein ganzes Jahr nach meiner Buchveröffentlichung und bedarf mehrerer Begegnungen, bis ich mich dazu durchringen kann, diese Frage für mein eigenes Seelenheil, für das meiner ehemaligen Lehrkräfte und der heutigen Schüler auf meiner ehemaligen Schule, zu beantworten.

Der Erste Wegweiser zeigt mir bereits in der ersten Woche nach Erscheinen von „W. B. a. m. F." die Richtung, wen ich am dringendsten auf meine Geschichte aufmerksam machen sollte.

Erste Begegnung

Es ist der erste Tag unserer alljährlichen Waldheimwoche. Wie jeden Montag machen wir nach dem Gemeinschaftsprogramm in der Kleingruppe verschiedene Kennenlernspiele. Julia, die dieses Jahr die Kleingruppe mit mir leitet, erklärt den Kindern das erste Spiel. „In dieser Dose sind verschiedene Zettel. Jeder zieht einen, liest vor, was darauf steht und ergänzt die Aussage. Der erste Teil des Satzes lautet immer: Mein Name ist... Im zweiten Teil geht es um die Lieblingsspeise, das Lieblingshobby, die Lieblingsfarbe oder ähnliches."
Alle Kinder nehmen sich der Reihe nach einen Zettel und erzählen von sich. Ich höre aufmerksam zu, denn auch wenn ich die meisten Gesichter noch vom letzten Jahr

kenne, sind mir ihre Namen entfallen.
Dieses Gesicht kenne ich doch auch noch, denke ich, als das vorletzte Kind an der Reihe ist. „Ich bin Lars und meine Lieblingsfächer sind…". Die Denkpause von Lars füllt sich mit einem Stöhnen der anderen Kinder „Wie Lieblingsfächer, wir haben doch Ferien!" „Ja, ist ja gut, aber wir wollen doch möglichst viel von einander kennenlernen.", beschwichtigt Julia die Kinder. „Also hören wir zu, was Lars erzählt.", sage ich und ahne nicht, welche Botschaft seine Worte für mich enthalten. Denn bei seiner Antwort falle ich fast rückwärts von der grün lackierten Holzbank, auf deren Lehne ich sitze. *Wie bitte?! Dieses Fach gibt es doch nur auf meiner alten Schule!*
„Hä, was ist das denn für ein Fach, das kenne ich gar nicht." ruft ein Junge und die Runde pflichtet ihm bei. „Ich schon.", sage ich mit leisem Entsetzen, während ich meinen Gleichgewichtssinn nur mühsam unter Kontrolle bekomme.
Nachdem die Vorstellungsrunde beendet ist, darf sich jedes Kind ein Namensschild basteln. Ich nutze diese Gelegenheit, um mir von Lars meine Vermutung bestätigen, zu lassen. „… Auf der Schule war ich auch. … Und welche Lehrer hast du so?" frage ich mit pochen-dem Herzen, während ich einem Mädchen beim Basteln helfe. Dabei verklebt der Flüssigkleber meine Finger genauso penetrant, wie das Blei der Vergangenheit auf meiner Seele haftet. Ich zupfe die weißlichen Fäden in kleinen Bröckeln von meiner Haut und denke: *Wenn das mit der innerlichen Säuberung doch nur auch so einfach wäre.* Gleichzeitig hoffe ich, dass Lars mir außer meinem ehrli-

chen Interesse nichts anmerkt.
Dieser erzählt mir bereitwillig von seinen Lehrern. Manche kenne ich nur zu gut, andere sind mir neu. *Es scheint ihm dort gut zu gehen,* denke ich erleichtert, *jedenfalls viel besser als mir! Aber wie geht es den anderen Kindern? Und warum hat ausgerechnet Lars die Karte mit den Lieblingsfächern gezogen?* , frage ich mich und hadere noch immer mit der Antwort, als unsere Gruppenphase längst beendet ist und die Kinder ihre Freizeit vor dem Mittagessen genießen. *Weil ich auch dieser Schule meine Geschichte mitteilen muss. Sie müssen endlich aufwachen! Aber ...das kann ich nicht. ...Außerdem würden sie doch nur alles leugnen.*

Nach den Sommerferien versorge ich vier Stunden pro Tag, fünf Tage die Woche unzählige Schulen mit Leseproben von meinem Buch und füge der Botschaft immer die Bitte hinzu, die Lehrkräfte und Eltern mögen ihre Augen und Herzen für das Thema Mobbing öffnen.
Eine aber spare ich bewusst aus. Meine.
Auch eine weitere Begegnung, die mir verdeutlicht, dass ich damit nur vor etwas Unausweichlichem davon-laufe, ändert daran zunächst nichts.

Zweite Begebenheit

Es ist der Abend meiner ersten Lesung.
Das Publikum ist nach einer langen Diskussionsrunde fast vollständig gegangen, die Bibliothek wieder in ihren ursprünglichen Zustand zurück verwandelt und ich packe meinen Büchertisch zusammen.
„Eines würde mich dann aber doch noch Interessieren.", höre ich die Stimme eines engagierten Lehrers. Ich schaue von meiner Arbeit auf und sehe fragend in sein offenes Gesicht. Obwohl ich ihn erst seit wenigen Stunden kenne, kommt er mir doch so vertraut vor. „Ja bitte?" sage ich lächelnd.
„Wie hat eigentlich ihre ehemalige Schule auf das Buch reagiert? -Beziehungsweise wissen die überhaupt davon?"
„Oh, das ist eine gute Frage. Also von mir wissen sie es nicht und ich habe es ja unter einem Pseudonym geschrieben." beginne ich meine Antwort und schaue dabei nachdenklich auf eines meiner Bücher in meinen Händen.
„Wenn es ein Lehrer von damals zufällig lesen würde, wüsste er vielleicht schon, wer ich bin. Ich habe durchaus auch schon darüber nachgedacht, auch dieser Schule eine Leseprobe zu schicken,… aber…". Meine Stimme wird immer leiser, weil ich diesen Gedanken nicht zu Ende denken will, heute an diesem schönen, erfolgreichen Abend nicht zu Ende denken kann.
„Ja, ich verstehe! Nein das würde ich auch nicht machen. Die reden sich ja doch nur raus, statt zu ihrem Versagen zu stehen! Und daran wird sich auch nichts ändern!" Etwas erschrocken von dem bitteren Ton seiner Stimme

schaue ich den Menschen neben mir wieder an und überlege, an welche Erfahrungen er wohl gerade denk. *Er hat wohl schon aufgegeben! Er glaubt nicht mehr, dass sich auch an solch einem Ort etwas verändern kann. Und was glaube ich...* "Ich weiß nicht genau, vielleicht,... vielleicht würde der Blick in meine Seele auch meinen ehemaligen Lehrern die Augen öffnen und Gutes bewirken..." sage ich kaum hörbar. *Vielleicht habe ich ja doch irgendwann genug Mut, dies herauszufinden.*, denke ich, schaue aus dem Fenster in den sternenklaren Nachthimmel undschicke diesen hoffungsvollen Gedanken dort hin.

Dritte Begebenheit

„Mama, was steht da?", fragt eine fremde Kinderstimme. „Das ist Werbung für eine Theateraufführung..." antwortet die gestresste Stimme, während die beiden den Raum verlassen. Ich setzte mich, wie jede Woche, auf meinen Stammplatz. Meine Augen wandern den beiden routiniert durch den Warteraum hinterher, bis auch mein Blick auf dem Plakat der Eingangstür hängen bleibt. Etwas teilnahmslos lese ich den Titel des Stücks und das Datum. Dann aber verfangen sich meine Augen beim Veranstaltungsort und die, inzwischen so stabil geglaubten Wände meiner neuen Welt geraten erneut ins Schwanken. Das Stimmengewirr um mich her versandet im Hintergrund und ich werde vom Sog der sich verschwimmenden Zeiten fortgerissen.

Das ist an meiner alten Schule!
Am dunkelsten, schrecklichsten Ort meines Lebens findet wie jedes Jahr die Theateraufführung der 8. Jahrgangsstufe statt. Die immer gleichen Lieblingsschüler bekommen die immer gleich begehrten Hauptrollen und von den ewig Ausgegrenzten wird man, wie immer, nur am Rande Notiz nehmen. ...! Alles wie immer, alles wie damals. Keine Einsicht und kein Grund zur Veränderung!
Oder? Vielleicht leben die Verantwortlichen heute ja doch nicht mehr stumm, stur und betriebsblind vor sich hin!?

„Hey, hallo, wie geht dir?", zieht mich die vertraute Stimme einer Freundin aus dem bitteren Sog von Wut, Enttäuschung und leiser Hoffnung zurück in die Gegenwart.

„Hallo! Danke gut…also eigentlich,… und Dir?", antworte ich etwas stockend und schaue nach kurzem Schütteln meiner Gedanken in ihr freundliches Gesicht.
„Mir auch, danke. Aber wieso *eigentlich*?"
„Ach, ich war nur gerade etwas…das Plakat da,… das ist an meiner alten Schule und …. es lässt mich immer noch nicht ganz kalt…."
Meine Freundin schaut mich etwas verlegen an: „Oh,…".
„Ach egal! Ich weiß jetzt, woran ich noch arbeiten muss. Erzähl, wie war eure Woche."…

Als ich den Raum einige Zeit später verlasse, denke ich an die Kinderstimme, die mich auf das Plakat aufmerksam machte: *Danke, kleines, neugieriges Geschöpf! Ohne Dich hätte ich es wahrscheinlich gar nicht gesehen*, und frage mich erneut, wie wohl heute an dieser Schule mit Mobbing umgegangen wird. Doch vorerst bleibt diese Frage an der Innenseite dieser Tür und dem darauf klebenden Papier haften.

Erst ungefähr ein halbes Jahr später steht sie, im selben Raum, erneut vor mir und lässt sich dieses Mal endgültig nicht mehr verdrängen.

Vierte Begebenheit

An diesem Tag sitze ich zu einer anderen Uhrzeit und somit mit mir teilweise unbekannten wartenden Müttern in diesem Raum. Wir beginnen ein belangloses Gespräch über unsere Kinder und die Schulen. Eine der Mütter berichtet über die Schule an ihrem Wohnort und eine andere sagt: „Da wohnen wir auch." ..."Aber nein, sie geht nicht dort in die Schule,..."
Ich fädle mich in das Gespräch ein und frage, was ich eigentlich schon weiß und eigentlich auch gar nicht hören will. Ich möchte nicht wieder mit der Vergangenheit konfrontiert werden und weiß doch, dass es keine Zufälle gibt. Die Frage, warum mir diese Frau, ihre Kinder und die Geschichte heute hier begegnen, stellt sich mir also schon nicht einmal mehr.
Sie bestätigt mir, dass ihre Tochter in der ersten Klasse **meiner** alten Schule ist und fügt hinzu: „Mein Mann war da auch schon. Er hat sich dort sehr wohl gefühlt."
Es stellt sich heraus, dass der Vater des Mädchens eine Klasse über mir gewesen sein muss, aber sein Name sagt mir nichts.
Ob er sich wohl an mich und an meine Geschichte erinnert?, frage ich mich im Stillen. Dabei stelle ich fest, dass ich keine Blitze mehr durch meinen Körper jagen fühle, wenn ich so konkret mit der Vergangenheit konfrontiert werde. Aber diese eine, unstillbare Frage, ob die Lehrkräfte und Eltern heute hin sehen, wenn ein Kind gemobbt wird und wie sie dann handeln, tritt erneut aus dem Schatten der Verdrängung in mir auf.
Ich sehe die Erstklässlerin und weiß um meine Verant-

wortung. Meine Verantwortung, mein Möglichstes zu tun, dass auch auf meiner ehemaligen Schule heute kein Kind mehr so leiden muss, wie ich damals.

Als ich dieses Mal den Raum verlasse, ist aus dem so oft gehegten Gedanken ein fester Entschluss und ein Versprechen an mich selbst geworden: *Morgen, morgen mache ich es!*

Augen AUF und durch

Am nächsten Morgen suche ich mit zitternden Händen im Internet nach der Kontaktadresse, schreibe folgende Mail:

Sehr geehrte Lehrkräfte!
Ich bin eine ehemalige Schülerin Ihrer Schule.
Aber leider habe ich an die elf Unterrichtsjahre nicht allzu viele schöne Erinnerungen. Nachdem ich gut 20 Jahre versucht habe, all die unschönen Dinge zu verdrängen, haben mich diese vor fünf Jahren, als mein großer Sohn in die Schule kam, Bild für Bild wieder eingeholt.
Darum habe ich begonnen, meine Geschichte aufzuschreiben. Weil ich als Mutter mitbekomme, wie aktuell das Thema „Mobbing" heutzutage an allen Schulen immer noch ist, habe ich sie als Buch unter dem Pseudonym Katharina XXX veröffentlicht.

Meine Arbeit besteht heut darin, Eltern, Lehrer und Schüler über Mobbing und seine Folgen aufzuklären, weil ich den unstillbaren Wunsch habe, dass kein Kind mehr so leiden muss, wie ich damals.

Ich habe lange überlegt, ob ich auch Sie über mein Werk informiere. In letzter Zeit sind nun verschiedene Dinge geschehen, die mich heute diese Mail schreiben lassen.
Ich hoffe sehr, Sie sehen mein Buch nicht als späte Rache, Provokation oder Ähnliches!
Mir ist es lediglich wichtig, auch Ihren Blick für Mobbing zu schärfen und Ihre Aufmerksamkeit auf die wichtige Intervention zu lenken.
Damit Sie sich ein Bild meiner Arbeit machen können, füge ich dieser Nachricht nun eine kleine Leseprobe meines Buches "Wie Blei, auf meinen Flügeln- Erinnerungsblitze aus der Mobbinghölle" bei.
Ich hoffe sehr, es bewirkt auch an meiner ehemaligen Schule etwas!!!
Mit freundlichen Grüßen, Katharina

Anfangs warte ich stündlich auf eine Reaktion, aber am dritten Tag gebe ich diese leise Hoffnung auf und hake dieses Kapitel mit dem Gedanken, *ich habe getan, was ich konnte,* innerlich ab.

Eine Woche später stehe ich auf dem Schulhof meines Sohnes um ihn vom Mittagsunterricht zu einem Termin zu bringen, als mir mein Handy eine Nachricht ankündigt. Den Absender erkenne ich erst am Ende der Mail.
Ein Lehrer, der damals schon an dieser Schule war, bei dem ich selbst aber keinen Unterricht hatte, bedankt sich für meine Mail, auch wenn ihn der Inhalt erschüttert hat.
In einem Brief würde er mir gerne ausführlicher antworten und beschreiben, wie sehr das Bewusstsein für Mob-

bing bei ihnen gewachsen ist.

Am nächsten Tag bedanke ich mich für seine freundlichen Zeilen, schreibe ihm, dass mich die Entwicklung im Bereich der Mobbingintervention an dieser Schule ganz besonders freut und schicke ihm, wie gewünscht, meine Postadresse.

Gut eine Woche später erinnere ich beim Öffnen des Briefes an die Reaktion meiner Mutter, als ich ihr von der Kontaktaufnahme zur Schule berichte. Mit einem kurzen, bitteren Lachen, das eher einem Aufschrei glich, spiegelt sie mir meine eigenen Skepsis: „Das kannst du gerne versuchen. Aber erwarte bitte nicht zu viel. Ich weiß doch ganz genau was da für Antworten kommen. Ich musste mir damals all die Jahre hindurch immer wieder die gleichen Ausreden anhören. *Was, wenn sie recht hat?* , frage ich mich, doch auch dieser Zweifel hält mich vor diesem alles entscheidenden Schritt nicht ab. *Wenn ich diesen Antwortbrief nicht lese, werde ich es nie erfahren!*

„…Als wir Ihre Mail bekamen, war unser erster spontaner Gedanke, Ihnen ein Gespräch anzubieten. Auch wenn wir als Schule über die Jahre eine andere geworden sind, mit zum großen Teil anderen Kollegen, empfinden wir ein Stück Verantwortung dafür, was Sie bei uns erleben mussten…."

Verantwortung! Ungläubig lese ich diesen Satz mehrere Male und spüre dabei tonnenweise Bleibrocken von meiner Seele absplittern. *Endlich keine Verleumdungen, keine „Selber Schuld-Vorwürfe" und keine Verschleierungstaktiken mehr. Endlich erkennen sie die Situation an wie sie war und übernehmen **ihren** Teil der Verantwortung.*

In den folgenden Zeilen schreibt er, dass sich in den letzten Jahren ein anderer Umgang miteinander entwickelt hat und welche Ansprüche sie heute an das soziale Miteinander haben.

Außerdem wollen sie die Begegnung mit mir suchen. Sie bieten mir ein Gespräch an, um mich mit Lehrern meiner Schulzeit, die sich trotz meines Pseudonyms an mich erinnern, auszusprechen und mit der Vergangenheit zu versöhnen.

Zudem möchte er mir glaubhaft versichern, dass sich in Bezug auf Mobbing, heute ein Problembewusstsein entwickelt hat und beschreibt den Fall eines Mädchens um dies zu veranschaulichen. Sie ist in der Mittelstufe neu an die Schule gekommen und die Lehrer konnten das Mobbingproblem mit Hilfe des „No Blame Approach" innerhalb von vier Wochen lösen.

„Überlege dir, ob du dieses Gespräch für deine Aussöhnung brauchst.", rät mir meine Freundin am Ende einer Mentaltrainigsstunde. „Momentan denke ich fast- *nein*.", sage ich spontan. „Ich glaube auch. Aber lass dir genug Zeit für diese Entscheidung."

In den kommenden zwei Wochen verfestigt sich meine Entscheidung.

So setze ich mich eines Tages auf meiner Terrasse in die Sonne, atme die Wärme, das Licht und die frische Luft tief in mich ein und antworte mit folgendem Brief:

Hiermit bedanke ich mich sehr herzlich für Ihren Brief.
Es ist für mich eine große Erleichterung zu wissen, dass sich an meiner ehemaligen Schule der Blick auf und der

Umgang mit dem Thema Mobbing grundlegend geändert hat. Ich bin sehr froh, dass Sie als Kollegium heute bereit sind, genau hinzuschauen, Mobbingsituationen anzuerkennen und dann (wie ich aus ihrem Brief herauslesen kann) mit dem „No Blame Approach" einzugreifen.

Auch Ihre Aussage, dass Sie sich ein Stück verantwortlich fühlen, für all die Dinge, die damals versäumt wurden, tut mir und ehrlich gesagt auch meinen Eltern (denn wie Ihnen sicher bekannt ist, leidet bei Mobbing immer das gesamte Umfeld des Opfers mit), sehr gut. Wie ich in meiner Mail aber schon erwähnt habe, geht es mir nicht um Schuldzuweisung. Für mich ist diese Aussage von Belang, weil in unserer Erinnerung meine Situation nie anerkannt, immer verharmlost, oder totgeschwiegen wurde. Dies ergab sich sicherlich aus der großen Hilflosigkeit und Unwissenheit aller Beteiligten.
Ich hatte die innere Überzeugung, dies alles so verdient zu haben und habe meinen Peinigern somit eine unterbewusste Berechtigung für Ihr Handeln erteilt. Diese wussten nicht wirklich was sie tun und das Wort Mobbing war in seiner heutigen Form noch nicht bekannt und somit wohl auch noch keine ausgereiften Interventionsmaßnahmen vorhanden.
Mein erstes Buch war nur der Anfang, mich von allem zu befreien und mit diesen negativen Erlebnissen abzuschließen.
Da ich von vielen Menschen gefragt werde, wie meine Geschichte weiterging und wie ich es letztendlich ge-

schafft habe, mich ganz aus dieser Opferrolle zu lösen, schreibe ich bereits an einem weiteren Buch. Meine hauptsächliche Arbeit besteht heute aber darin, Mobbingopfer zu beraten und zu unterstützen, indem ich Vorträge über Mobbing (die Ursachen, Strukturen und Folgen) in Verbindung mit Lesungen aus meinem Buch halte. Dazu habe ich verschiedene Konzepte entwickelt, die ich den individuellen Bedürfnissen von Grundschülern, älteren Schulkassen, Jugendlichen aber auch Erwachsenen angepasst habe. Wie Sie aus diesen Zeilen vielleicht herauslesen können, fühle ich mich mit den Geschehnissen der Vergangenheit inzwischen durchaus versöhnt. Nicht zuletzt, weil ich einen Weg gefunden habe, aus all dem Schlechten nun Gutes werden zu lassen.

Für ein Gespräch in dem von Ihnen vorgeschlagenen Rahmen sehe ich also zum jetzigen Zeitpunkt keine Notwendigkeit. Dennoch bedanke ich mich auch dafür ausdrücklich.

Wenn Sie oder eine andere Lehrkraft aber noch Fragen an mich haben sollten oder das Bedürfnis, mich weiterhin zu kontaktieren, freue ich mich jederzeit über eine Nachricht in Form einer E-Mail oder eines Briefs. Dabei dürfen Sie mich gerne so Ansprechen, wie Sie sich damit wohl fühlen.

Am nächsten Tag setze ich mich erneut in die Sonne und lese mir meine Antwort noch ein letztes Mal durch. *Ja, damit ist alles gesagt. Jetzt drucke ich sie aus und bringe sie zur Post. Alle Verbindungen zu meiner Mobbingopferrolle sind somit gekappt und es gibt kein Zurück mehr!,* denke ich und fühle in diesem Augenblick, wie mich ein sanfter Strom durchzieht und die letzten Reste Blei von Trauer, Angst und Wut von mir absplittern. Während sich mein Körper mit dem Laptop in der Hand vom Gartenstuhl erhebt, taucht folgendes Bild vor meinem inneren Auge auf.

Frei

Ich stehe am höchsten Punkt auf dem Felsvorsprung Direkt vor dem tiefen Abgrund.
Es fehlt nur noch mein letzter Schritt.
Ich spanne meine Flügel und sehe ein allerletztes Mal zurück.
So lange schon will ich fliegen,
Doch so vieles hielt mich auf.

Ich war fest verstrickt,
Im maßgeschneiderten Kleid der Trauer,
Verschmolzen mit dem bleigegossenen Mantel der Wut
Und tief verwurzelt mit der wohlig vertrauten Angst.
Jahrzehnte verstrichen, bis ich,
Tag für Tag,
Stunde um Stunde,
Stück für Stück,
Mir das Trauerkleid abschälen,
Mich mit der Wut versöhnen
Und aus der Angst stabile Flügel formen konnte.
Beim Blick auf mein altes,
Am Boden verstreutes ICH,
Flattert ein Hauch von Abschiedsschmerz durch die Luft.

Er treibt mir,
Mit der aufblühenden Erleichterung,
Ein letztes Mal die Tränen ins Gesicht.
Ich atme ihn tief ein
Und fühle ihn meinen Körper durchströmen.
Ich atme ihn tief aus

Und weiß, nichts mehr hält mich jetzt noch auf.
Langsam dreh` ich mich wieder nach vorn.
Spüre den Wind in meinen Flügeln,
Sehe den tiefblauen Himmel direkt vor mir
Und fürchte mich endgültig vor gar nichts mehr.
Im Zeitlupentempo sinke ich in die Knie,
Drücke meine Füße vom Felsboden ab,
Springe ins tiefe, weite Nichts
Und ergreife die Freiheit,
Die ich mir selbst geschenkt.

Zusätzlich zu meiner endgültigen Befreiung beinhaltet dieser Briefwechsel noch einen weiteren Schlüsselsatz, der es mir ermöglicht, all meinen ehemaligen Lehrkräften, Mitschülern und deren Eltern zu verzeihen. *Nicht nur ich, sondern auch alle anderen wussten und/oder konnten es damals nicht besser.*

Diese einerseits sonderbare, tröstlich erleichternde aber gleichermaßen auch traurig schockierende Erkenntnis, unterstreicht die Notwendigkeit meines letzten, unverzichtbaren Schrittes aus meiner Mobbingopferrolle und ist der Hauptmotor meiner heutigen Arbeit.

6. ICH KANN UND DARF GUTES DARAUS MACHEN

Schon mit dem Schreiben und der Veröffentlichung von W.B.a.m.F. habe ich aufgehört, mich einfach nur zu beklagen, wie schlimm die Mobbinghölle war und bin langsam aus meinem Opferloch herausgekrochen. Eines Tages kommt der Moment, in dem ich begreife, was *ich* für *mich* geschafft habe.

Ich

Ich!
Ich ganz allein!
Ich bin aufgestanden!
Ich!

Ich selbst habe mein Hände zu meinem Kopf geführt!
Ich selbst habe meinen Schopf ergriffen!
Ich selbst habe zugepackt!
Ich selbst habe mich daran hochgezogen!
Wow!

Ich!
Ich ganz allein!
Ich brach das laute Schweigen!
Ich!
Ja, ich liebe mich!

Aber trotz allem keimt ab und zu der leise Zweifel in mir auf, ob ich mich nicht selbst verrate oder zu einer fatalen Verharmlosung von Mobbing beitrage, wenn ich nun sage: ich mache Gutes aus all dem Blei.
Doch das mentale Training und die Reaktionen der Menschen auf meine Geschichte verwandeln diesen Zweifel langsam aber stetig in eine ganz neue, bisher fremde Gewissheit: Das Entscheidende ist nicht, dass ich am Boden lag. Das Entscheidende ist, dass ich es geschafft habe aufzustehen. Mit genau diesem Schritt, Gutes aus all dem Schlechten werden zu lassen, bin ich nun endgültig kein Opfer mehr. Mit meiner schonungslosen Darstellung der traumatischen Folgen und mit den Schilderungen meines langen Weges aus dieser Opferrolle verharmlose ich nichts, sondern öffne der Gesellschaft die Augen und geben den Opfern Hoffnung.

Bei meinen Interviews, Lesungen und Beratungsgesprächen erlebe ich immer wieder, wie vielschichtig die angeblichen Gründe für Mobbing sind. In der einen Klasse trifft es den großen, etwas kräftigeren Klassenclown, der manchmal vielleicht etwas zu schroff auf seine Mitschüler reagiert. In einer anderen Klasse ist dieser Charakter allgemein beliebt. Stattdessen ist das zierliche, schüchterne Mädchen den alltäglichen Attacken ihrer Mitschüler ausgesetzt.
Um diesen Betroffenen mit meiner individuellen Beratung besser helfen zu können und Mobbing vorzubeugen, lerne ich verschiedene Interventionsmaßnahmen kennen und durchleuchte die Zusammenhänge und Hintergründe von Mobbing noch intensiver.

Parallel zu meinen Recherchen entwickle ich verschiedene Konzepte, die ich nach den individuellen Bedürfnissen von Kindern, Jugendlichen und Erwachsenen sowie speziell für Eltern und Lehrer gestalte. Diese verknüpfe ich bei meinen Vorträgen mit verschiedenen Übungen und einzelnen Geschichten aus meinem ersten Buch.

Einige wichtige Erfahrungen und Erkenntnisse aus dieser Arbeit möchte ich hier in den folgenden Kapiteln ausführen.

Kleine Orientierungshilfe:

I. Wie viel und wo gemobbt wird
II. Die Definition und Struktur von Mobbing
III. Die Alarmsignale eines Mobbingopfers
IV. Ursachen, scheinbare und echte Erklärungen
V. Wie man Mobbing verhindern kann
- Die Lehrkräfte
- Die Elternschaft
- Die Schulgemeinschaft

VI. Mein Rat an Eltern, wenn:
   o … das eigene Kind gemobbt wird
      Verletzte Mutterseele
   o … das eigene Kind Mitläufer ist
      Ängstlicher Held
   o … das eigene Kind ein anderes mobbt
   o Für ALLE Eltern

VII. Das hätte ich mir damals gewünscht

I. *Wie viel und wo gemobbt wird*

Erkundigt man sich nach offiziellen Zahlen, wie viele Kinder im Laufe ihrer Schulzeit gemobbt werden, findet man verschiedene Auskünfte.

Die meisten Studien der vergangenen Jahre kommen aber auf jeden 3. Schüler.

Nach meiner Erfahrung muss man davon ausgehen, dass in jeder Schulklasse mindestens zwei bis drei Mobbingopfer sitzen.

Mobbing gibt es bereits in den Grundschule, zieht sich durch alle Schulformen weiter und ist in ländlichen Gegenden genauso verbreitet, wie in Großstädten.

Das Klassenzimmer ist der Ort, wo am häufigsten vor dem Unterricht gemobbt wird. Dort setzt es sich, vor den Lehrkräften gut verborgen, nach der Pause fort.

Aber auch auf dem Schulhof, im Treppenhaus, dem Flur, den Toiletten oder auf dem Schulweg wird das Opfer attackiert.

Sobald die Kinder soziale Netzwerke und Klassenchats benutzen, breitet sich das Mobbing auch dort aus.

Aber Mobbing gibt es auch in allen andern Gruppengemeinschaften wie z.B. Sportvereine und bei Erwachsenen am Arbeitsplatz. Überall dort, wo Menschen glauben miteinander konkurrieren zu müssen weil sie Angst haben, nicht gut genug zu sein bzw. nicht genügend Wertschätzung zu bekommen.

Doch so unterschiedlich die Menschen und Situationen auch sind, die Mobbingstrukturen, Merkmale und Erklärungen sind dieselben.

II. *Die Definition und Struktur von Mobbing*

Von Mobbing spricht man offiziell, wenn *immer die gleichen Personen* über einen Zeitraum von **bereits drei Wochen** (so die Aussage der Macher des „No Blame Approach"), wiederholt von einem **Täter** und dessen zwei oder drei **Helfern** mit Blicken, Gesten und Worten **absichtlich und systematisch** schikaniert, gedemütigt, erniedrigt und verleumdet werden.

Diese subtile und vor Lehrkräften und Eltern gut versteckte, psychische Gewalt geht dann oftmals auch in Sachbeschädigung und Körperverletzung über.

Der **übrige, große Teil der scheinbar unbeteiligten Klassenmitglieder** erkennt zwar das Fehlverhalten der Tätergruppe, hilft dem Opfer aber nicht sondern unterstützt aktiv oder passiv die Täter. Das Opfer ist schon nach kurzer Zeit komplett isoliert, vollkommen machtlos und braucht dringend Hilfe von außen.

Doch seine Alarmsignale, die es nach außen abgibt, erkennen die Erwachsenen leider viel zu oft nicht.

Wehrt sich das Opfer im Gegenzug irgendwann mal so, dass eine Lehrkraft diese Situation wahrnehmen muss, wird ihm von allen anderen die alleinige Schuld zugewiesen und es wird oftmals zusätzlich für sein vermeintliches Fehlverhalten bestraft. So bekommt es von den Erwachsenen zusätzlich noch den Stempel des **schwierigen Kindes** aufgedrückt und die ahnungslosen Lehrkräfte werden zu Handlangern des Täters und seinem Gefolge.

III. *Die Alarmsignale eines Mobbingopfers*

Die Alarmzeichen eines Mobbingopfers kann man nur als solche erkennen, wenn man weiß, worauf man achten muss.

Betrachtet man die folgenden Beispiele für sich alleine, können sie, je nach Alter des Kindes, von harmlos (weil altersentsprechend) bis unerklärlich scheinen. Zusammengefügt jedoch ergeben sie ein großes Indizienpuzzle für Mobbing.

Wenn ein Kind:

- plötzlich und zunehmend über Krankheitssymptome wie Bauch- oder Kopfschmerzen klagt und sich keine körperlichen Ursachen nachweisen lassen.
- es sich ungewöhnlich verhält, z. B. abrupt keinen Kontakt mehr zu bisherigen Schulfreunden hat, sich diese nicht mehr melden, es auf keinen Geburtstag mehr eingeladen ist oder die Kinder selbst nicht mehr einlädt.
- sich sein ganzes Wesen radikal verändert, z.B. ein zuvor unternehmungslustiges Kind sich nur noch alleine in sein Zimmer zurückzieht.
- gar nichts mehr von der Schule erzählt, obwohl es dies zuvor gerne getan hat.
- schulische Leistungen erbringt, die nicht mehr seinem bisherigen können entsprechen.
- häufig seine Schulmaterialien nicht mehr „findet" oder diese oft kaputt sind
- vermehrt körperliche Verletzungen aufweist,
- bei Gruppenarbeiten isoliert ist
- bei Teambildungen und in Pausen ausgeschlossen ist

und statt mit seinen Klassenkameraden zusammen zu sein, die Nähe, den Schutz und die Aufmerksamkeit der Lehrkräfte sucht.

Als gravierendste, mögliche Alarmsignale für Mobbing möchte ich hier die Schulverweigerung und Suizidgedanken am Ende hervorheben.

IV. Ursachen, scheinbare und echte Erklärungen

Mobbing entsteht oft aus kleinen, harmlosen Streitereien und Missverständnissen.
Per Definition ist deswegen aber nicht gleich jeder kleine Streit oder jede Prügelei als Mobbing zu bezeichnen. Und im Normalfall ist es auch gut, wenn man Kinder kleinere Konflikte selbst lösen lässt. Trotzdem wird das Eingreifen einer erwachsenen Person aus meiner Sicht absolut notwendig, wenn **ein** Kind sich alleine gegen **mehrere** behaupten muss und sich nicht mehr wehren kann.
Denn schon solch ein vereinzelter, „alle gegen einen" Konflikt zeigt bereits die gefährliche Mobbingdynamik auf.
Die Täter lernen, wie gut sie alle nach ihrer Pfeife tanzen lassen können. Die Mitläufer erkennen dies zum einen auch, stellen aber gleichzeitig erleichtert fest, dass, wenn keiner ihre Angst bemerkt, ihnen auch nichts passiert. Für das Opfer ist bereits schon diese einmalige Rollenerfahrung sehr demütigend und verletzend. Vor allem, wenn sich die Folgen dieser Situation über mehrere Stunden oder gar Tage hinziehen.
Betrachtet man Streitsituationen nun mit dem Hintergrundwissen der Mobbingstruktur, bekommen die viel zu schnell gesagten Sprüche: "Man sollte sich nicht gleich einmischen." und „Kinder müssen bzw. können ihre Konflikte selber lösen!" schon eine entscheidende Einschränkung.
Auch die vorverurteilenden, oft aus Unwissenheit und

Hilflosigkeit zügig gefällten Urteile: „Na irgendetwas Wahres muss da ja dran sein. Irgendetwas muss das Opfer ja an sich haben oder falsch machen, wenn **alle** gegen Sie/Ihn sind!", verlieren deutlich an Glaubhaftigkeit. Dies belegen auch die zahlreichen Erfahrungen aus Klassen, in denen das Opfer irgendwann gegangen ist. Die Täter suchen sich in solchen Fällen ein neues Opfer, dem es schon nach kurzer Zeit genau so ergeht.

Hört man sich dann noch zusätzlich die Argumente an, was dieses „irgendetwas" sein soll, verlieren diese hilflosen Erklärungsversuche vollkommen an Sinnhaftigkeit.

Die letztendlichen Ursachen von Mobbing sind von Fall zu Fall so individuell wie die Menschen, die daran beteiligt sind. Aus diesem Grund kann und möchte ich hier keine Pauschalantworten liefern, sondern die grundliegenden Faktoren aufzeigen, die alle Fälle eint.

Diese sind in Frust, Angst, Minderwertigkeitsgefühlen und Selbstzweifeln, jedes Einzelnen zu finden. Die Täter sind zusätzlich von Neid und Machtgier getrieben und wählen sich Opfer, in denen sie ihre eigenen, verhassten Minderwertigkeitsgefühle und Selbstzweifel erkennen. Diese Opfer bekämpfen sie, um so die eigene scheinbare Überlegenheit zu demonstrieren.

Frage ich aber die Menschen bei meinen Vorträgen nach den vermeintlichen "Gründen" von Mobbing, höre ich sofort Rechtfertigungsversuche wie: „das Opfer sieht anders aus" (zu dick, zu dünn, zu groß, zu klein, andere Kleidung,…) „verhält sich anders" (zu streberhaft, zu unruhig, …), „hat andere Interessen" oder „ist einfach anders", (kommt aus einem anderen Land, hat andere

Interessen, eine andere Meinung,...) als die Anderen.
Die drei beteiligten Personengruppen, welche die Mobbingstruktur ausmachen, (Täter mit Helfern, Opfer und Mitläufer) sind ebenfalls schnell genannt.
Dann frage ich die Menschen nach ihrer Einschätzung, wie sich diese drei Personengruppen wohl fühlen und warum die Mitläufer mitmachen oder wegsehen, statt dem Opfer zu helfen. Es fallen die Stichworte „Gruppenzwang", „man will dazugehören" und „cool sein". Doch auch der Gedanke, „Angst, selbst zum Opfer zu werden" ist zu hören.

Durch meine dann folgenden Übungen und Geschichten bekommen die Zuhörer einen offenen Einblick in das Seelenleben **aller** beteiligten Personen, erkennen ihre wahre Gefühlslage, verstehen welche Macht die Mitläufer haben und warum sie dabei keine Angst vor den Tätern haben müssen.
Sie lernen, was wirklich die Ursache von Mobbing ist und dass „anders sein" oder „Fehler machen" keine Begründung für Mobbing sein kann, weil dies auf jeden Menschen zutrifft. Sie verstehen: Jeder ist anders als der Andere und genau in dieser Vielfalt kann die Stärke einer (Klassen)-Gemeinschaft liegen. Sie müssen nur lernen, diese richtig zu nutzen.
Zudem führen ihnen meine Beispiele vor Augen, wie leicht sich die Mitläufer einspannen lassen, wie aus einer angeblich harmlosen Situationen tief verletzender Ernst und aus einem dummen Streit oder Streich Mobbing werden kann.
Spätestens die schockierende Tatsache, dass sich schon

Menschen umgebracht haben, weil sie gemobbt wurden, lässt auch den gern geglaubten Spruch: „Das war doch nur Spaß" verstummen und sie erkennen: Mobbing ist kein Spaß! Es ist eine dumme, kopflose Folter und manchmal sogar todernst.

All diese neuen Erkenntnisse geben den Zuhörern nun die Chance aus diesem Teufelskreis auszubrechen.

V. Wie man Mobbing verhindern kann

Um Mobbing zu erkennen, bevor es richtig begonnen hat, müssen alle zur Schule gehörigen Parteien ihren Beitrag leisten.
Ein gutes Zusammenwirken und eine enge Vernetzung des gesamten Schulpersonals miteinander, aber auch mit den Schülern, den Eltern, sowie der Eltern untereinander ist notwendig.
Dabei geht es nicht darum, die Kinder übermäßig zu kontrollieren. Es geht darum Missverständnissen vorzubeugen, indem die Eltern mehr Einblick in das verborgene Schulleben ihres Kindes und die Lehrkräfte mehr Einblick in den verborgenen Teil des Privatlebens der Kinder bekommen.

Damit kein Mobbing mehr stattfindet, gebe ich den Menschen bei meinen Vorträgen ein paar entscheidende Sätze mit auf den Weg, die Kinder immer wieder von Eltern und Lehrern hören sollten, damit sie darin bestärkt werden, diese zu beachten.
- Mobbing oder ähnliches Verhalten von Mitschülern zu melden, hat nichts mit Petzen zu tun, sondern ist soziales Verhalten.
- Jemandem zu helfen oder für ihn um Hilfe zu bitten ist nicht schwach, sondern stark.
- Es mag Gründe geben, einen anderen Menschen nicht zu mögen und jeder hat etwas an sich, dass er selbst und Andere nicht mögen. Aber nichts davon rechtfertigt Mobbing.
- Wenn jeder lernt, seine „Schwächen" zu akzeptieren

und zu lieben, muss er keinen anderen mehr dafür hassen und mobben.

- Wer es nötig hat einen anderen Menschen zu mobben, ist besonders schwach. Es gibt also keinen Grund, Angst vor dieser Person zu haben.

- Mobbing funktioniert nur, wenn jeder seine Rolle mitspielt.

- Keiner fühlt sich in dieser Rolle wohl und jedem geht es schlecht.

- Mitläufer sind die Mehrheit und die wahren Mächtigen.

- Wenn jeder das, was ihn an sich selber stört annimmt und zu seinen „Schwächen", „Problemen" oder zu seinem „anders sein" steht, gibt es kein Mobbing mehr.

- **Die Lehrkräfte**

Das absolut Wichtigste ist, dass die Schule das Thema Mobbing offen kommuniziert und nicht hinter dem Satz: „Bei uns gibt es kein Mobbing!" zu verstecken versucht.

Nur eine Schule, die sich der gegenwärtigen Gefahr von Mobbing bewusst ist und anerkennt, welchen Beitrag **sie** zu dessen Vorbeugung bzw. Beendigung beitragen muss, kann auch ausreichende Maßnahmen ergreifen.

Eine erste, wichtige Maßnahme wäre, wenn an jeder Schule zwei bis drei Personen sind, die sich intensiv mit Mobbing auseinandersetzen und im Mobbingfall spezielle Interventionsmaßnahmen anwenden können. Diese „Mobbingbeauftragten" sollten sowohl den Eltern als auch den Schülern bekannt sein, damit sie diese gegebenen Falles leicht und diskret kontaktieren können. Den Kollegen müssen sie ebenso bekannt sein, damit auch sie in kritischen Fällen um Unterstützung bitten können. Denn viele Lehrkräfte schrecken vor dem Wort Mobbing zurück, fühlen sich mit diesem Thema überfordert und sehen sich dieser Arbeit nicht gewachsen. Die einen können sich vielleicht nicht so gut in das Opfer hineinversetzen, andere wiederum fühlen sich zu sehr in eine eigene Mobbingsituation zurückversetzt. Wieder andere haben womöglich unterbewusst Angst, als Lehrkraft von den Schülern gemobbt zu werden oder erleben dies bereits, denn ja, auch das gibt es an unseren Schulen!

Auch wenn also verständlicher Weise nicht jede Lehrkraft Interventionsmaßnahmen ergreifen kann, sollte sich doch jede einzelne von ihnen der Verantwortung bewusst sein. Sie sollte um die Gefahr wissen, die sich auch hinter ihrem Rücken abspielt. Und sie sollte offen dafür sein, auf die kleinen unsichtbaren Sticheleien zu achten, die wie Mikroorganismen in der Luft schweben und nur darauf warten, auf fruchtbaren Boden zu Fallen und dort aufzublühen.

Darum bitte ich Sie, liebe Lehrkräfte, ihren Blick zu schärfen und mit offenen Augen, Ohren und offenem Herzen für die Mobbinggefahr ihren Unterricht zu halten und durch ihre Schulgebäude zu gehen. Schenken sie auch kleineren Konflikten oder Merkwürdigkeiten Beachtung und notieren sie diese gegebenenfalls. In vielen Fällen werden sie eine Häufung von einzelnen Schülern in einer bestimmten Position feststellen. Diese können Sie mit dem Kollegium teilen, und gemeinsam gezielte Beobachtungen machen.

Zudem können Sie weiteres Schulpersonal befragen und vorsichtig Erkundigungen bei dem betroffenen Kind, dessen Eltern und „noch neutrale" Mitschülern einholen.

Ein vertrauensvolles, offenes und positives Verhältnis zwischen ihnen und den Kindern bietet den Kindern, die drohen zu Mitläufern zu werden, mehr Sicherheit sich ihnen anzuvertrauen. Solch ein Verhältnis macht es ihnen auch einfacher, einen Streit mit Mobbingdynamik in eine **„eins zu eins Situation"** umzuwandeln. Im besten Fall müssen sie diese Situation dann nur noch beobachten und nicht mehr eingreifen.

Im Nachhinein könnten sie solch einen Vorfall als Gelegenheit nutzen, um über die Strukturen und Folgen von Mobbing aufzuklären.

Vielleicht klingt dies in ihren Ohren jetzt nach viel zu viel Arbeit und sie schätzen den Erfolg auf Grund gemachter Erfahrungen als sehr gering ein. Aber wenn sie die traumatischen Folgen einer gemobbten Kinderseele diesen Zweifeln gegenüber stellen, werden sie feststellen, dass ihr Einsatz alle Mühe wert ist.

- **Die Elterngemeinschaft**

Den informellen Kontakt mit den Lehrkräften können sie nicht nur an Elternabenden oder anderen schulischen Veranstaltungen wie z. B. Sommerfesten halten. Viele Lehrkräfte bieten inzwischen ihre Mailadresse an, um bei Fragen oder Problemen für die Eltern erreichbar zu sein.

Der offene, ehrliche und freundliche Austausch mit anderen Eltern lässt sich bei zusätzlichen Klassenveranstaltungen wie Weihnachtsfeiern oder einem Elternstammtisch pflegen. Dadurch lernen sie sich, ihre Kinder und ihre Geschichten gegenseitig besser kennen. Dies schafft Vertrauen und vereinfacht es, bei kleineren Konflikten der Kinder mit Mobbingdynamik, **(nicht bei Mobbing-siehe Kapitel: Das rate ich Eltern, …wenn das eigene Kind gemobbt wird)** die anderen Eltern zu kontaktieren.

Wenn meine Kinder mir von solch unschönen Streitsituationen erzählen, spreche ich, mit der Einwilligung meines Kindes, die Eltern darauf an oder schicke eine Nachricht mit der Frage, wie denn die Beschreibung und Sichtweise des anderen Kindes ist. Denn Fakt ist: Jeder Betroffene hat bei einem Streit **seine eigene Wahrnehmung** und somit **seine eigene Wahrheit**. Weil aber auch mir als Mutter solche Situationen sehr nahe gehen, lasse ich ein paar Stunden vergehen, bis ich diesen Schritt gehe und achte gut darauf, keine Vorwürfe oder Anschuldigungen zu äußern. Sonst könnte sich mein Gegenüber auch angegriffen fühlen.

Meine Kinder sind damit Einverstanden, weil ich ihnen glaubhaft versichere, dass sie am nächsten Tag nicht als

„Petze" verschrieen werden, sondern dass sich die Dinge nur so zum Guten wenden können.
Manchmal lassen sich die Konflikte der Kinder nicht mehr genau rekonstruieren, aber das ist auch nicht wichtig. Entscheidend ist, wir haben als Eltern alle die Gleiche wünsche für unsere Kinder: Sie sollen sich in der Klasse wohl fühlen und frei von Angst und Hetze gut lernen können. Dieser Wunsch und das Wissen, dass keiner frei von Fehlverhalten ist, eint uns Elternparteien. So können wir gemeinsam versuchen Hilfestellung zur Konfliktlösung zu geben und die Kinder zur Versöhnung animieren.

Zusätzlich informiere ich die Lehrkräfte über den Fall, damit sie die Kinder intensiver beobachten können und eine Erklärung für mögliche, auffällige Verhalten haben.

- **Die Schulgemeinschaft**

Ein regelmäßiger Austausch aller und die Zusammenführung der Beobachtungen von Lehrkräften, Schulpersonal und der gesamten Elternschaft dient auch als gute Informationsquelle, wenn es trotz aller Bemühungen von Schule und Eltern nicht gelingt, Mobbing zu verhindern. Denn manche Kinder erzählen zu Hause nicht viel aus der Schule, auch wenn sie ein gutes Verhältnis zu ihren Eltern haben. Andere erzählen vom normalen Schulalltag, sparen die Mobbingerlebnisse aber aus, weil sie sich schämen oder ihre Eltern nicht belasten wollen.

Haben sie aufgrund der zuvor geschilderten Alarmsignale oder anderer Beobachtungen den festen Verdacht, dass ein Kind gemobbt wird, sollten sie es in einem persönlichen Gespräch offen darauf ansprechen.

Bestätigt das Kind diesen Verdacht, braucht das Opfer nun viel Ermutigung sowie die Zusage, dass ihm nun geholfen wird. Dies wird ihm viel Erleichterung verschaffen.

Mit der Erklärung, dass es nicht seine Schuld ist, es aber dennoch etwas dagegen unternehmen kann und den ersten Schritt gerade gemacht hat, indem es offen darüber spricht, können sie eine gute Basis für weitere Schritte des Opfers legen.

Der/ die „Mobbingbeauftragte" der Schule" kann ihm nun Vorschläge machen, welche Interventionsmaßnahme mit den anderen Schülern durchgeführt werden, damit das Mobbing schon nach kurzer Zeit gestoppt wird und jahrelange Qualen vermieden werden.

Kritiker mögen an dieser Stelle zu Recht feststellen, dass es immer Eltern, Lehrer oder Schüler gibt, die dabei nicht mitmachen, nicht mitmachen, vielleicht sogar bewusst nicht mitmachen wollen. Klar gibt es diese Menschen. Aber deren verschlossenes und ablehnendes Verhalten kann eine sonst gut funktionierende, offene und stabile Gemeinschaftsarbeit gegen Mobbing nicht zerstören.

VI. Mein Rat an Eltern, wenn:

○ **… das eigene Kind gemobbt wird?**

Wie sehr die Eltern mitleiden, wenn das eigene Kind gemobbt wird, habe ich bei meinen Eltern 11 Jahre lang deutlich gespürt. sie waren durch dieselbe Hilflosigkeit, Trauer und Wut gelähmt, wie ich.

Wie tief diese Wunden auch bei meiner Mutter gingen und wie sehr sich so manches Ereignis in ihr Herz gebrannt hat, zeigte mir ein Gespräch, welches wir vor ca. eineinhalb Jahren führten.

Verletzte Mutterseele

Ich habe mich für diesen Tag schon längere Zeit mit Janina (einer ehemaligen Klassenkameradin) verabredet, aber die Nachmittagsbetreuung an der Schule meines Sohnes und die Kita meiner Tochter streiken überraschend. „Die kleine kann ich mitnehmen. Aber ich kann nicht rechtzeitig zurück sein, wenn die Schule aus ist. Könntest Du deinen Enkel bitte abholen?" bat ich meine Mutter. „Ja ja, das kann ich machen. Ich nehme ihn mit zu uns. Der Opa kocht und dann könnt ihr bei uns noch was essen, wenn ihr wieder da seid." Dankbar nehme ich diesen Vorschlag an.

Nach dem Mittagessen spielen die Kinder im Garten meiner Eltern und ich mache es mir auf der Terrasse in der Hängeschaukel bequem. „Und bei WEM warst du jetzt nochmal genau?", fragt mich meine Mutter, nachdem sie ihre wichtige Aufgabe erfüllt hat und nun genügend Energie für dieses Detail aufbringen kann. Ich wiederhole den Namen und sehe, wie sie vergeblich versucht, irgendein Gesicht oder eine Erinnerung dazu zu finden. Dann schüttelt sie langsam den Kopf. „Das sagt mir gar nichts." Mit einigen Geschichten und Namen anderer Mitschüler/innen versuche ich, ihr auf die Sprünge zu helfen. Dabei erwähne ich irgendwann auch beiläufig den Namen eines bestimmten Jungen. „Ach! Das war doch **der, der** dich damals untergetaucht hat!" entfährt es ihr und es klingt wie ein etwas zu lauter Aufschrei. „**Der** was das?", frage ich und die schaukelnde Welt um mich steht schlagartig still. „Ja **der** war das:" „Echt?! Ich weiß ja wirklich noch viele Details von der Geschichte, aber das Gesicht, also **wer genau** das war, hatte ich vollkommen vergessen..." sage ich erstaunt und kann statt dieser hässlichen, bedrohlichen Fratze ein zartes, unsicheres Jungengesicht erkennen. Ein Jungengesicht, welches sich steht's vernachlässigt, überflüssig und ungeliebt fühlte. *Was für ein armes Würstchen!*, denke ich erleichtert und schockiert zugleich. Dann dringt die Stimme meiner Mutter erneut an mein Ohr und gibt einen tiefen Einblick auf ihre verletzte Seele frei: „Ich habe das nie vergessen!"

Während mir und meinen Eltern zu meiner Schulzeit noch nicht mal das Wort Mobbing bekannt war, haben sie, liebe Eltern heute verschiedenste Möglichkeiten, Hilfe und Unterstützung für sich und ihr Kind in Anspruch zu nehmen.
Wenn sie durch die Zusammenarbeit mit der Schule davon erfahren, dass ihr Kind gemobbt wird, können sie

sich gemeinsam erkundigen und beraten, wer bzw. was ihm außerhalb der Schule am besten helfen kann, aus dieser Mobbing-Opferrolle herauszukommen.

Vertraut sich ihnen das Kind trotz des Verdachtes nicht gleich an, sollten sie auf jeden Fall mit ihm darüber im Gespräch bleiben. Die Zusagen: „Du hast es **nicht** verdient, so behandelt zu werden! Du musst dich dafür nicht schämen!" Und: „Du bist es wert, dass man dir hilft!", sowie das Aufzeigen von Wegen, wie sich Mobbing beenden lässt, geben ihm sicherlich Mut und können ihm helfen sich zu öffnen.

Vertraut sich ihr Kind ihnen als Eltern an, bevor das Mobbing in der Schule erkannt wird, sollten sie sich, mit der Einwilligung des Kindes, schnellst möglichst mit dessen Bezugsperson in der Schule und der, für soziale Fragen zuständigen Vertrauens-, Klassen- oder Beratungslehrkraft, den Sozialarbeiter/innen oder Psychologen/ Psychologinnen, in Verbindung setzen.

Ratsam ist es in diesem Fall auch, nicht gleich das Wort Mobbing zu benützen, sondern erst mal nur die Fakten zu schildern. Denn zum einen schreckt dieses Wort leider viele Lehrkräfte ab und hemmt so deren Handlungsbereitschaft oder Handlungsmöglichkeit und zum anderen könnte sich das Kind als Verräter fühlen. Ermutigen sie das Kind stattdessen, in einem gemeinsamen Gespräch konkrete Situationen, Zeugen, Uhrzeiten, den Ort und die Häufigkeit der Vorfälle zu benennen und seine Gefühle zu beschreiben. Wenn es sich bereits um Mobbing handelt, sollte der Gesprächspartner dies aufgrund der Schilderungen selbst erkennen.

Meine folgende kleine Checkliste mit Fragen, kann bei solch einem Gespräch hilfreich sein:

- **Was genau ist passiert?**
- **Wann war das?**
- **Wer / wie viele waren beteiligt?**
- **Gibt es außenstehende Zeugen?**
- **Wie oft kommen solche Situationen vor und seit wann?**
- **Wie war die Stellung des Kindes vorher?**
- **Sind andere Fälle von Mobbing in der Schule/ Klasse bekannt?**
- **Hat das Kind jemanden, der/die manchmal noch zu ihm hält?**

Sollte die Schule das Anliegen nicht ernst nehmen, keinerlei Handlungsbedarf sehen oder keine Interventionsmaßnahmen anbieten, empfehle ich ihnen, Hilfe von außen zu suchen und zu einer Beratungsstelle zu gehen. Dieser Schritt kostet zwar oft Überwindung, ist aber sehr wichtig. Nur durch eine gute, professionelle Unterstützung kann das Opfer seine traumatischen Erlebnisse verarbeiten und auch sie als Angehörige/r und somit Mitleidende/r bekommen in dieser schweren Situation den nötigen Beistand.

Zudem setzen sie mit diesem Schritt das Signal, das sie und ihr Kind bereit sind, auch selbst etwas an der Situation zu verändern und dies nicht nur von den Lehrkräften und den Mitschülern erwarten.

Möchte ihr Kind vorerst nicht mit Vertretern der Schule über die Mobbingvorfälle sprechen, sollten sie diesen Wunsch so lange wie möglich respektieren und ebenfalls eine neutrale Informations- bzw. Beratungsstelle mit ihm aufsuchen. So hat das Kind trotzdem die Möglichkeit zu erkennen, dass es mit diesem Problem nicht alleine und nicht schuld an seiner Situation ist, sondern dass es einen Ausweg aus der Opferrolle gibt.

Als Eltern sind wir manchmal auch versucht, instinktiv ein paar Schritte zu gehen, von denen ich an dieser Stelle lieber warnen möchte.

Der eine Schritt ist die persönlich Konfrontation mit den Tätern oder deren Eltern **wenn es sich schon um Mobbing handelt**. So schwer es ihnen vielleicht auch fällt, diesen Schritt zu unterlassen. so sehr zeigen die Erfahrungen, die meine Eltern und ich machen mussten, wie sehr dieser Schuss meistens nach hinten losgeht. Die häufigste Antwort, die wie ein Pfeil in unsere Ohren, mitten durchs Herz bis in die Magengrube schoss und alle Hoffnung auf Hilfe vernichtete, lautete: „Mein Kind macht so etwas nicht!". Dicht gefolgt von dem Gegenvorwurf: „Ach ja, und was hat **ihre Tochter** gemacht?!".

Hatten uns die anderen Eltern doch einmal geglaubt, die Ernsthaftigkeit der Situation begriffen, und ihre Kinder dafür zur Rechenschaft gezogen, schlug mir am nächsten Schultag der zehnfache Hass meiner Peiniger entgegen. Dies galt auch für den Fall, wenn meine Eltern die Kinder persönlich angesprochen hatten.

Der zweite, verständliche Schritt, von dem sie aus verschiedenen Gründen vorerst absehen sollten und zu dem ich ihnen nur als allerletzte Option und unter bestimmten Voraussetzungen raten möchte, ist ein Schulwechsel.

Der erste Grund für diesen Rat ist, dass ihr Kind die Opferrolle bereits kennt und sie schon einmal eingenommen hat. Seine eigenen, unterbewussten Überzeugungen, welche diese Rolle begünstigt haben, strahlt es noch immer nach außen aus. Diese Umstände bringen Mobbingopfer oftmals wieder in diese altbekannte Rolle zurück, sobald ihnen die nächsten, verzweifelten Täter begegnen. Zudem kommt die erschwerende Sonderrolle des **Neuen** und **Fremden** hinzu, die ihr Kind in einer bereits existierenden Klassengemeinschaft sofort erneut Andersartig wirken lässt.

Sollten die Kinder bereits in dem Alter sein, in dem sie soziale Netzwerke nutzen, müssen sie auch die Informationen bedenken, welche eine neue Klasse durch Freunde, Bekannte, Geschwister etc. im Internet von der alten Schule über ihr Kind findet.

Natürlich können sie auch Glück haben und der Schulwechsel geht auf den ersten Blick gut. Doch durch meine eigenen Erfahrungen und verschiedene Beispiele bei meiner Arbeit muss ich leider feststellen, wie diese traumatischen Erfahrungen sowohl Eltern als auch Kinder noch nach Jahren immer wieder einholen.

Darum erachte ich diesen Schritt erst dann als den Richtigen, wenn keine Person an der Schule hilfreich einschreitet, alle anderen Mittel ausgeschöpft sind oder wenn das Kind mit professioneller Hilfe gelernt hat, seinen eigenen Anteil an seiner Rolle zu erkennen, anzunehmen und daran zu arbeiten.

Halten sie dennoch einen Schulwechsel für den richtigen Schritt, dann können sie ihr Kind mit positiven Erfahrungen, die es in anderen sozialen Gruppen, in denen es gut integriert ist, sammeln kann (z.B. Vereine, Kirchengemeinde et.) gezielt dafür stärken.

In diesem Fall möchte ich ihnen zusätzlich raten, ganz offen mit der neuen Schulleitung über das Erlebte zu sprechen. Diese Offenheit hilft dabei, eine Schule mit guter, sozialer Kompetenz auszusuchen und eine Klasse zu finden, die ihr neues Mitglied mit seinen schlechten Erlebnissen verständnisvoll aufnehmen und vielleicht sogar auffangen kann. Das Verschweigen negativer Erfahrungen hingegen schafft Unverständnis und Misstrauen.

Mobbingopfern möchte ich an dieser Stelle noch einmal persönlich sagen:

Du bist nicht allein!

Du musst nicht Jahre lang durch die Hölle gehen, auch wenn du derzeit keinen Ausweg siehst!

Verstecke dich nicht weiter, gibt nicht auf und beende erst recht nicht dein Leben!

Auch wenn du glaubst, dass dich keiner versteht, meine Geschichte und meine Bücher zeigen das Gegenteil. Du kannst du mich auch gerne kontaktieren und wir suchen gemeinsam nach Lösungen.

- **…das eigene Kind Mitläufer ist**

Um herauszufinden, ob ein Kind als Mitläufer von Mobbing betroffen ist, ist es wichtig, immer in gutem Kontakt mit ihm zu sein. Statt der üblichen Frage: „Wie war es heute in der Schule?", das reflexartige „Gut!" einfach hinzunehmen, kann man mit gezielteren Fragen mehr Informationen bekommen. Zielführender sind z. B. die Fragen: „Was ist denn heute gutes oder schlechtes in der Schule passiert? Wo gab es Ärger? Wer hat sich mit wem gestritten oder geschlagen?"

Erzählt das Kind dann von einer Streitsituation, kann man ohne Vorwürfe aber interessiert weiter nachhaken. Wer hat das noch gesehen? Was hast du in dieser Situation gemacht, wie hast du dich dabei gefühlt und wie haben die übrigen Mitschüler reagiert?

Wenn das Kind dann häufiger von Konfliktsituationen berichtet, bei denen immer wieder die gleichen Namen fallen und immer wieder das selbe Kind als „allein schuldig" dargestellt wird, können sie nachhaken, ob dieses Kind denn noch Unterstützung in der Klasse hat. Sollte dies schon nicht mehr der Fall sein, erklären sie ihm altersgerecht, dass so eine „alle gegen Einen" Situation schon Mobbingdynamik hat. Klären sie es über Mobbing und seine Folgen auf und erklären sie ihm, warum man Menschen in so einer Situation mit Respekt begegnen und ihnen helfen muss, auch wenn man sie vielleicht selbst nicht leiden kann.

Sollte ihr Kind sich auf Grund eigener Antipathie diesem Kind gegenüber oder aus Angst vor den Tätern nicht trauen, das Opfer vor den anderen zu verteidigen, machen sie ihm daraus keinen Vorwurf und überfordern sie es nicht. Überlegen sie vielmehr, welche erwachsene Person in der Schule helfen kann. Wenn es dabei ihre Unterstützung braucht, schlagen sie ihm vor, dass sie der entsprechenden Person seine Beobachtungen vertrauensvoll mitteilen können. ihr Kind wird für diese Hilfe dankbar sein, da sich die Mitläufer in ihrer Rolle ja auch nicht wohl fühlen und ebenfalls unter dieser Spannung leiden.

Dies sollte auch für den Fall gelten, wenn sich ihr Kind schon mal aktiv am Mobbing beteiligt hat. Wenn es ihnen davon erzählt, weiß es um seine Fehler und bereut sie sicherlich.

Wenn sie mit den Eltern des Opferkindes in Kontakt stehen, können sie vorsichtig fragen, wie es ihnen und ihrem Kind geht. Wenn auch diese die schwierige Situation ihres eigenen Kindes in der Klasse bestätigen, bieten sie ihre moralische Unterstützung an und lassen Sie auch das Opfer wissen, dass ihm jemand helfen wird. Der Name ihres Kindes muss dabei ja vorerst nicht fallen.
Sollten die Eltern des Opfers ahnungslos sein, sind sie ihnen für ihre vorsichtigen Hinweise sicherlich ebenfalls dankbar.
Auch das Opfer wird erleichtert sein, dass jemand seine Not sieht, anerkennt und somit Hilfe angestoßen ist.

Wie schwer es für Mitläuferkinder ist, aus ihrer Rolle herauszutreten, aber gleichzeitig auch wie wichtig, weil sie ja selbst leiden und wie dies funktionieren kann, zeigt folgende Geschichte, die mir begegnet ist.

Ängstlicher Held

„Aber das ist ja auch wieder so etwas… Das ist ja mein nächstes Problem!…" Der 12-jährige Junge bricht erneut in heftiges Schluchzen aus. Vor ein paar Minuten erst hatte er sich nach einem heftigen Gefühlsausbruch beruhigt. Er hatte seiner Mutter endlich all die Dinge gesagt, die sich seit Ende der Sommerferien, in den letzten Wochen in ihm aufgestaut hatten. Alles was ihn nervt, stört, ängstigt und anstrengt.

Zumindest denkt Anna dies in dem Moment noch, als sie ihn aus der Umarmung auf dem Sofa entlässt und sagt: „…Und morgen früh in der Pause kannst du mit deinen Freunden wieder Fußball spielen und…". Nun hält sie ihren großen Junge erneut wie damals als Baby im Arm und versuch aus seinen Tränen schlau zu werden. „He, beruhige dich! Was hast du denn **mit deinen Freunden** für ein Problem? Du hast immer gesagt, ihr versteht euch gut?". „Ja schon,…also eigentlich…also schau,…zu **mir** sind sie ja auch alle nett… Aber den Jan, den machen ein paar meiner Freunde immer fertig. Ich weiß gar nicht warum. Ich mag ihn nämlich eigentlich. Naja… zugegeben, manchmal habe ich auch schon mitgemacht… Aber Ralf und Anton, die machen ihn immer nach, lassen ihn nie mitspielen und ärgern ihn so lange, bis er ausflippt. Am Freitag, als wir alle schon im Klassenzimmer waren, ist er gerade auf Ralf losgegangen, als unser Deutschlehrer ins Kassenzimmer kam. Der hat das natürlich gesehen und Jan eine Strafarbeit gegeben. Er hat ihm nicht geglaubt, dass Ralf und Anton ihn zuvor mehrmals absichtlich angerempelt haben, weil dies keiner von uns anderen

Kindern bestätigt hat. Sowas passiert andauernd. Das halte ich nicht mehr aus. Am liebsten möchte ich da gar nicht mehr hin!!!" Raffaels Stimme ist mit jedem Wort deutlicher geworden und auch sein Körper zittert nicht mehr. Dafür ist der Raum nun mit aller Überforderung, allen Schuldgefühlen, aller Scham, allen Ängsten und aller Hilflosigkeit gefüllt, die er sich gerade aus der Seele geredet hat.

Anna versucht all diese Gefühle irgendwie aufzufangen und ihre eigene, bittere Mischung aus Entsetzen, Enttäuschung und Mitleid ihrem Sohn gegenüber, zu sortieren. Verstört sucht sie dafür nach den richtigen Worten. „Ok, das ist ja wirklich schlimm! ... Seit wann geht das denn schon so…? Und,.. warum ärgerst du ihn dann mit, wenn du ihn doch eigentlich magst? Und warum hast du am Freitag nicht gesagt, wie es wirklich war…, warum haben die Anderen aus deiner Klasse nichts gesagt?" „Hm seit wann das so ist, weiß ich nicht genau. Schon lange. Ich würde ihm ja auch gerne helfen. Aber weißt du, als wir damals vor den Osterferien den Ausflug gemacht haben, bin ich mit ihm gelaufen und habe mit ihm gespielt. Ralf und Anton haben dann angefangen, mich herum zu schubsen und so. Später kamen sie zu mir und sagten, wenn ich jetzt mit Jan befreundet wäre, würden sie das immer machen. …Dann habe ich mich halt nicht mehr getraut, nett zu ihm zu sein. Verstehst du das? Deswegen habe ich auch am Freitag nichts gesagt. Aber…"die leiser werdende Stimme bricht ab und Raffael beginnt erneut zu weinen. „Darum fühle ich mich ja so schlecht!"

„Jetzt beruhige dich wieder. Klar verstehe ich das. Aber

ich bin sicher, wir finden auch für dieses Problem eine Lösung,..." Anna versucht schneller zu denken, damit Rafael ihre eigene Ratlosigkeit nicht bemerkt."Es geht also schon über mehreren Monate, ...und du hast aus Angst nichts erzählt,... Okay, wie ist es denn mit Simon und Kai. Die kennst du doch schon seit der Grundschule. Könntest du dich nicht mit den beiden verbünden und ihr helft dann alle drei dem Jan?" „Naja, um ehrlich zu sein, Kai ist inzwischen ziemlich dicke mit Anton befreundet. Und ich bin mir nicht sicher, ob sich Simon gegen Kai stellt und sooo..." erklärt der Junge inzwischen wieder mit ruhiger Stimme."Ok, dann muss uns etwas anderes einfallen...Du sagst ja, der Lehrer hat Jan nicht geglaubt... Wie wäre es, wenn du nach dem Unterricht mal zu deinem Klassenlehrer gehst und ihn um ein Gespräch unter vier Augen bittest. Dann kannst du ihm erzählst, was du in letzter Zeit zwischen Jan und den anderen Jungs beobachtet hast, was du getan hast und vor allem, wie es dir damit geht." „Ich weiß nicht,... ich glaube ich trau mich das nicht...Könnten wir nicht einen Brief schreiben?" „Einen Brief,...ich weiß nicht, ob das der richtige Weg ist..." überlegt Anna halblaut, während sie ihrem Sohn über den Arm streicht.

Ein paar Sekunden später retteten ihre Erinnerung und der Blick auf den Terminkalender die beiden aus ihrer Ratlosigkeit. „Weißt du was, übermorgen ist ja Elternabend. Würde es dir helfen, wenn ich deinen Lehrer darauf anspreche, ihm sage, was du mir erzählt hast und wie es Dir damit geht?!" „Oh ja Mama, das ist eine gute Idee."

Als Anna zwei Tage später trotz Kopfschmerzen deutlich vor Beginn des Elternabends im Schulgang auf die Klassenzimmertür zusteuert, hofft sie, der Lehrer wäre schon da und sie könnte dieses Gespräch schnell hinter sich bringen. Aber nein. Sie betritt den fast leeren Raum, stellt ihre Tasche an einen der vielen freien Plätze ab und geht wieder zur Tür, um den Lehrer dort abzupassen. Als sie über die Schwelle treten will stößt sie fast mit einer Person zusammen. Aber es ist nicht der Lehrer, es ist die Mutter von Jan. „Ach hallo!", sagt sie freundlich.
„Huch, auch hallo, du bist es. Wie geht es dir?" Entfährt es Anna etwas erschrocken. Sie hat sich mit der netten Frau schon ein paar Mal bei der Einschulungsfeier hier in der Realschule ihrer Jungs und auf dem Sommerfest unterhalten. „Danke gut, und dir?" „Ich habe heute etwas Kopfschmerzen, aber sonst ganz gut, danke". Jans Mutter sieht sich während dessen im Raum um. „Hast du dir schon einen Platz ausgesucht?" „Ja ich sitze dort drüben." sagt Anna, deutet auf ihre Tasche und geht ein paar Schritte darauf zu. „Ach weißt du was, dann setze ich mich neben dich!" „Ja klar gerne.", erwidert Anna und überlegt dabei, wie sie nun mit dieser Situation umgehen soll. *Soll ich sie darauf ansprechen, was Rafael mir erzählt hat? Und was wenn sie gar nichts von den Schwierigkeiten ihres Sohnes weiß? Oder wenn Rafael einfach etwas übertrieben hat...?* „Und wie waren eure Ferien?", hört Anna die vertraute Stimme fragen. „Schön, danke. Der Wiedereinstieg in den Schulalltag danach war etwas hart, aber inzwischen sind wir wieder ganz gut im Rhythmus. Und ihr? habt ihr euch auch wieder gut einge-

lebt?" „Hmm...also naja,.. um ehrlich zu sein...Jan hat etwas Probleme ... hier in der Klasse...", flüstert die Stimme neben ihr, weil sich das Zimmer mit immer mehr Eltern füllt. „Oh, das tut mir leid... Also um ehrlich zu sein,...Rafael hat mir da auch ein paar Dinge berichtet,... weil ihn das belastet... ich wollte eh mit dem Lehrer darüber sprechen...also wenn du mir mehr davon erzählen möchtest...". Anna spürt die Erleichterung, die Jans Mutter tief ausatmet und hört genau die gleichen, traurigen Geschichten, die Rafael ihr schon erzählt hat, noch einmal. „...Doch, Rafael kann das bezeugen und wenn du willst, können wir nachher zusammen mit dem Lehrer sprechen...", flüstert Anna noch schnell, als dieser in dem Moment den Elternabend zu eröffnen beginnt. „Oh, das wäre echt gut! Danke Dir! Und danke deinem Sohn!"

Beim nachfolgenden Sechs-Augen-Gespräch bestätigt der Lehrer den beiden Müttern gewisse Momente, die ihm aufgefallen sind und die er nun mit Hilfe von Rafael auch als Mobbing erkennt.

○ **…das eigene Kind ein anderes mobbt**

Täterkinder sind keine Monster, sie sind Kinder.

Wie schon erwähnt, werden sie nicht aus Boshaftigkeit, sondern aus Minderwertigkeitsgefühlen, Selbstzweifel, Ungerechtigkeitsgefühlen, Unzufriedenheit, Angst oder anderen eigenen Problemen zu Mobbing Tätern. Aus diesem Grund möchte ich die Täter an dieser Stelle in meine Arbeit mit einbeziehen und nicht bloß stellen.

Diese Kinder brauchen sowohl verständnisvolle Unterstützung bei der Lösung ihrer Probleme, als auch klare Konsequenzen für ihr Fehlverhalten und eine schonungslose Aufklärung von der Folgen des Fehlverhaltens.

Die Täter haben zwar ein sehr gutes Gespür dafür, wen sie gut zum Opfer machen können und wen nicht, aber die gesamte Tragweite der Schäden, die sie bei ihrem Opfer anrichten, können sie nicht überblicken.

Wenn sie erfahren, dass ihr Kind ein anderes Kind mobbt, ist es wichtig herauszufinden, was genau es so sehr an seinem Opfer stört und wie dies in Verbindung mit dem steht, was es in seinem eigenen Leben oder an sich selbst nicht leiden kann. Als ersten Schritt möchte ich ihnen empfehlen, Antwort auf folgende entscheidende Frage zu suchen:

- Warum fühlt es sich so schwach, klein, erniedrigt, ängstlich, wertlos etc.?
- Warum sieht es sich selbst nicht, wie Sie es sehen?
- Warum sieht es seine eigene Größe, Stärke und Liebenswertigkeit nicht?

- Warum muss es einen anderen Menschen mobben, um sich selbst groß, stark und wichtig zu fühlen?

Ihr Kind braucht nun Hilfe, diese negative Selbstansicht zu verändern. Betrachten sie als zweiten Schritt die herausragenden Stärken ihres Kindes. Es ist ganz sicher ein tatkräftiger, schlauer und empathiefähiger Mensch, der andere gut überzeugen und mitreißen kann. Offenbar braucht es nur eine gute Anleitung und ein Ventil, wie es diese Fähigkeiten positiv nutzen kann.

o **Für ALLE Eltern**

Sie können ihrem Kind helfen, aus der Mobbingspirale herauszukommen, indem sie mit ihm seine größte Stärke finden und diese ausbauen.

Betrachten sie außerdem gemeinsam mit ihrem Kind seine vermeintlichen Schwächen und überlegen sie, wie es damit besser umgehen und diese sinnvoll und positiv anwenden kann.

Sollte es beispielsweise mit seinem Körper unzufrieden sein, weil es eher eine stämmige Figur hat, könnte es eine Sportart ausprobieren, bei der genau diese Statur von Vorteil ist.

Manchmal können wir als Eltern durch solche kleinen Schritte viel mit und bei unseren Kindern verändern. Oftmals aber stehen wir ihnen zu nahe und sind emotional zu sehr betroffen, um zu erkennen, warum ausgerechnet unser Kind zum Täter, zum Opfer oder stummen Mitläufer wird. Wir können die Ursachen nicht finden und somit auch die Probleme nicht alleine lösen. Darum empfehle ich ihnen, in jedem Fall immer für professionelle Hilfe von außen und psychologische Beratung offen zu sein und diese gegebenenfalls in Anspruch zu nehmen. Dies ist keine Schande oder ein Eingeständnis versagt zu haben. Nein, mit der richtigen, professionellen Hilfe und Unterstützung kann jeder Mensch lernen, sein Selbstbewusstsein, sein Selbstwertgefühl und seine Selbstliebe (wieder neu) aufzurichten, sich selbst zu reflektieren und so zu wachsen .

Je größer die Persönlichkeit jedes einzelnen, desto Stärker die Gemeinschaft.. Ein Kind mit starker Persönlichkeit, das mit beiden Beinen fest auf der Erde steht, bietet für Mobber keine Angriffsfläche, hat es nicht nötig zu mobben und kennt auch keine Angst, einem Mobbingopfer beizustehen.

Wenn es ihnen, liebe Eltern, gelingt, die schwierige Aufgabe zu meistern, die Mobbingsituation ihrer Kinder anzuerkennen, sich gemeinsam dagegen einzusetzen und nicht auf sich selbst zu projizieren, haben sie ihren Teil dazu beitragen, ihre Kinder aus der belastenden Mobbingsituation zu befreien.

Das hätte ich mir gewünscht

Ich, und auch meine Eltern, die die gesamten 11 Mobbinghöllenjahre mit mir gelitten und gekämpft haben, hätten uns **Lehrkräfte** gewünscht, die uns zuhören, ohne dass sie uns das Gefühl geben, wir stehlen ihnen die Zeit, erzählen ihnen etwas, was keinen interessiert und übertreiben nur wieder. Lehrkräfte, die genau hinsehen und unsere Not anerkennen. Lehrkräfte, die uns aufklären, dass es dieses Problem leider häufig gibt, wir damit also nicht alleine sind und sie nun mit uns einen Weg aus dieser Hölle finden möchte.

Ich hätte mir **Klassenkameraden** gewünscht, die sich zu einem **guten** Mob zusammenrotten, vor den paar kleinen Wichtigtuern in der Klasse aufstehen und sich für mich und ihren eigenen Seelenfrieden, hinter mich stellen. Klassenkameraden, die sich wie Rafael durch das Mauseloch in der Hintertür hinaus schleicht und den Lehrern oder ihren Eltern, meine täglich durchlebten Quälereien bestätigt.

Ich hätte mir von den **Eltern meiner Mitschüler** gewünscht, dass sie an der Situation in der Klasse ihrer Kinder Anteil nehmen und sie ermutigen, für die Kinder einzustehen, die gequält, ausgestoßen und fertig gemacht werden. Eltern, die daraufhin selbst zu den Lehrkräften gehen, statt gleichgültig und stumm die Augen zu verschließen und zu denken: Na das bekommen die Kinder schon alleine hin!

Wenn ich heute, nach diesem langen, schwierigen Weg auf meine 11 Schuljahre zurückblicke, hat sich das gesamte Bild komplett verändert.

Die hässlichen Fratzen von damals sind enttarnt. Sie haben ihre Masken und ihre Macht über mich endgültig verloren.

Ihre bösartigen Chorgesänge sind verstummt und ihr teuflisches lächeln berührt mich nicht mehr.

Hinter ihren einstmals giftig blitzenden Augen blinken kleine, verletzliche Kinderseelen hervor, die mit einer Mischung aus Selbsthass, Selbstzweifeln und Angst erfüllt sind.

Heute weiß ich, dass ich manche dieser Anteile auch selbst in mir trug und meine Seele an anderer Stelle trotz allem mit Liebe und Frieden erfüllt war. Diese positiven Anteile scheinen den anderen Seelen gefehlt zu haben, weshalb sie mir diese, vom Neid zerfressen, zu entreißen versuchten.

Und während ich weitere, mögliche Antworten auf die Frage, warum dies alles so verlief, verlaufen musste, in meinem Kopf wie Spielsteine hin- und herschiebe, taucht aus meiner Seele ein vollkommen versöhnlicher Gedanke auf und durchströmt mich mit einem tiefen Frieden: *Es spielt keine Rolle mehr. Alle Ereignisse haben ihren Zweck erfüllt, auch wenn ich diesen noch nicht bei allen erkenne. Aber jetzt ist es vorbei. Jetzt habe ich die Chance auf einen Neuanfang!*
Jetzt genieße ich meine neu gewachsenen bunten Flüge, die Stille nach dem Sturm und mache Gold aus all dem schweren, lähmenden Blei.

Die Ruhe nach dem Sturm

Die Welt atmet auf.

Die heftigen Wogen haben den Dreck aus den entlegensten, tiefsten und dunkelsten Ecken nach oben gewühlt und der Wind hat ihn fortgetragen.

Die Schiffe, deren feste Verankerung gerade noch zu zerfetzen drohte, dümpeln friedlich auf den zaghaften Wellen auf und ab, während das Wasser in allen Farben des Regenbogens glitzert..

Die Pfützen auf dem Asphalt trocknen zusehends und die noch leicht verstörten Vögel in den Bäumen beginnen wieder zaghaft zu singen.

Sonnenstrahlen brechen durch die zerfallende, graue Himmelsdecke und streicheln meine Seele mit ihrem warmen Glanz.

Die verwaisten Wege füllen sich erneut mit Leben.

Das Stimmengewirr und die Gesichter der stahlenden Menschen erscheint mir unwirklich, fremd und doch so vertraut.

Stumm sitze ich hier, atme dieses Schauspiel tief ein und spüre, wie die gereinigte Luft meine Seele mit neuer Lebenskraft durchströmt.

Anhang
Kapitel aus dem Buch:
Wie Blei, auf einen Flügeln

1. Ein Tag Schullandheim als Mama

Um pünktlich zum Frühstück bei den Viertklässlern zu sein schleiche ich mich an diesem Herbstmorgen noch im Dunkeln aus dem Haus. Die heiße Tasse Kakao in meinen Händen zittert etwas. *Warum tue ich mir das an? Warum ausgerechnet ich? Warum fahre ICH mit der Klasse meines Sohnes ins Schullandheim?*
Auch wenn ich heute Abend schon wieder zurückkehre, diese Reise fällt mir schwer. Denn schon beim Gedanken an das Wort „Schullandheim" bekomme ich Magengrummeln, einen Klos im Hals und Atemnot.
Weil die Lehrerin für diesen Tag eine weitere Begleitperson braucht und ich Zeit habe! Weil mein Sohn sich darüber freut! Weil ich mir von der Vergangenheit nicht meine Gegenwart diktieren lasse und weil ICH heute kein Kind mehr bin! Ich setze mich seit Jahren mit meiner Vergangenheit auseinander, jetzt kann ich mir selbst beweisen, dass mich die Attacken der Fratzen nicht mehr lähmen.
Ich steige in mein Auto, genieße die gute Musik und fahre dem Morgenrot entgegen.
Als ich vor dem großen Gebäude parke strahlt der Himmel über mir und die Sonne scheint mir ins Gesicht.

Nach dem Frühstück brechen wir zu unserer mehrstündigen Wanderung auf. Die Lehrerin führt uns an, der begleitende Erzieher geht ganz hinten und ich reihe mich in der Mitte des Zuges ein.
Nach einiger Zeit fällt mir auf, dass ein Mädchen immer wieder laut aufschreit. Da sie aber nicht unmittelbar vor mir läuft und ich mich mit andern Kindern unterhalte, dauert es einige Zeit, bis ich sie ansprechen kann.
„He Petra, was ist denn los?"
„Ich habe mir einen schönen, langen Grashalm gepflückt. Dann kam Max und hat ihn mir aus der Hand gerissen. Ich habe mir noch einen gepflückt. Aber Max und die anderen Jungs haben ihn mir wieder aus der Hand gerissen und sind damit davongerannt...", stottert sie inzwischen leise weinend.
„Ja!", pflichtet Emma ihrer Freundin bei „Der kommt die ganze Zeit angerannt und ärgert uns."
„Genau, der ist echt so gemein!", hält auch Elisa zu ihrer Freundin und streichelt Petra über den Rücken.
„Ach je, das ist ja wirklich gemein. Ich kann gut verstehen, dass du wütend bist.", sage ich.
„Aber weißt du was, jetzt holst du dir einfach noch einen Grashalm und dann läufst du hier neben *mir.*"
Nun wende ich mich den herumstreunenden Jungs zu.
„Und ihr lasst die Mädchen jetzt in Ruhe, klar."
Während ich meine Worte höre überlege ich, ob ich es jetzt nicht doch etwas übertreibe:
Es geht doch nur um einen Grashalm!
Oder?
Nein, geht es nicht vielmehr darum, dass ein respektloses

Kind scheinbar Spaß daran hat, einer Mitschülerin etwas wegzunehmen, was ihr momentan, warum auch immer, unheimlich wichtig ist. Heute reißt er ihr einen Grashalm aus der Hand, morgen nimmt er sich vielleicht eine Tafel Schokolade vom Tisch eines Kameraden und in zwei Jahren klaut er jemandem das Handy aus der Tasche?!
Übertreibe ich? Vielleicht- vielleicht auch nicht...
*Aber warum macht er das? Was treibt Max dazu, einen anderen Menschen so zu quälen, bis dieser weint und seine Mitschüler ihn dafür gehässig feiern? Ich kenne seine liebe Mutter und weiß ihn zu Hause gut behütet. Diesen Max, über den ich in seiner Abwesenheit beim Geburtstag meines Sohnes Sätze gehört habe wie: „...wenn wir ihn beim Fußball anrempeln dann schreit er immer **Faul**, aber wenn er uns anrempelt, sagt er immer, das war nur normaler **Körpereinsatz**..." „...Jaaa he, habt ihrs auch endlich begriffen, wir müssen uns alle zusammen gegen ihn wehren...." „ ...Ja, weil der ist echt so doof!..."*
Den Max, von dem mir seine Mutter erzählt hat, „...Ne, er geht gar nicht mehr in die Nachmittagsbetreuung der Schule. Er kommt mit den anderen Kindern nicht mehr zurecht ..." Jener Max, der sich gestern bei der Verabschiedung von den Eltern als einziger nochmal seiner Mutter in die Arme geworfen und sein Gesicht verborgen hat, während alle anderen sich lachend und winkend umdrehten, um sich in dieses dreitägige Schullandheimabenteuer zu stürzen.
Genau dieser Max wirft sich gerade auf ein anderes Opfer, um nicht mehr selbst Opfer zu sein. Die Angst, die

den kleinen Jungen einen Tag zuvor noch in die Arme seiner Mutter getrieben hat, treibt ihn nun zu solchen Gehässigkeiten.
Warum aber kann ich das nicht einfach als kleine, harmlose, kindliche Hänseleien einordnen?, frage ich mich selbst schon fast etwas verwundert.
Ich blicke in die zahlreichen Kindergesichter um mich und höre zu jedem die Stimme ihrer Mütter, wie sie mir doch alle ähnliche Worte offenbaren.
Sie sind alle gleich. All diese Täter, die Ofer und die Mitläufer um mich herum sitzen in einem Boot. Von all diesen lieben, kleinen Chaoten um mich herum weiß ich, dass sie alle dieselbe Angst quält. Die Angst, zum Opfer ihrer eigenen Freunde zu werden. Alle, alle leiden sie genau darunter. Deshalb ist hier gar nichts harmlos. Keiner ist glücklich, keiner fühlt sich wohl und geborgen in dieser Gemeinschaft. Jedes Kind sucht verzweifelt seinen Weg, damit umzugehen. Der eine wird auf diesem Weg zum Opfer, der andere zum Täter und der dritte schleicht schweigend nebenher. Oh man Kinder! Wenn ihr doch nur erkennen könntet, wie gleich ihr euch seid. Ihr könntet so eine schöne Zeit miteinander haben..., denke ich und grüble darüber nach, wie man den verzweifelnden Seelen wohl die Augen öffnen könnte…

Nur wenige Augenblicke, nachdem Petra sich wieder einen Grashalm gepflückt hat, reißt ihn ihr wieder ein Junge aus der Hand und rennt damit davon: „Hier Max, ich habe Petra wieder einen Weggenommen…". *„Stopp Freundchen!"*, rufe ich dem Kind hinterher und habe ihn nach wenigen Schritten eingeholt. *„Gib mir den Gras-*

halm wieder und dann hört auf mit dem Blödsinn, verstanden!" „OK!", raunt er mir zähneknirschend entgegen.
Ich gebe Petra den Grashalm zurück. Doch ehe sie mir ein „Danke!" aus ihrem abermals verheulten Gesicht entgegenbringen kann, rennt Max an uns vorbei und hat sich seine Beute erneut geschnappt.
„JETZT REICHT ES ABER! BLEIB SOFORT STEHEN!", schreie ich und renne ihm hinterher. Ich hole ihn ein, stoppe ihn und nehme ihm den Halm aus der Hand. „DER GEHÖRT PETRA! SIE HAT IHN SICH GEPFLÜCKT UND ICH HABE IHN IHR GERADE EBEN WIEDERGEGEBEN! DU HÖRST JETZT SOFORT AUF DAMIT UND LÄSST SIE IN RUHE! SONST BEKOMMEN WIR BEIDE RICHTIG ÄRGER! UND JETZT ENTSCHULDIGST DU DICH BEI PETRA, HAST DU MICH VERSTANDEN!"
„Nö!" erwidert mir das zitternde Kerlchen mit bebender Stimme kleinlaut. Seine Augen starren mich eindringlich an, als wollen sie sagen: „So und was machst du jetzt?"
Die Lehrerin kommt hinzu und erfährt, was sich die ganze Zeit hinter ihrem Rücken abgespielt hat. „Das habe ich Vorne gar nicht mitbekommen.", sagt sie fast entschuldigend.
„Dafür müssen sie sich nicht entschuldigen. Hinten haben wir schließlich alle keine Augen. Außerdem mussten Sie auch nach dem richtigen Weg suchen. Und schließlich bin ich ja dabei, weil sechs Augen mehr sehen, als vier..."
Während ich mich mit der netten Frau unterhalte, bemer-

ke ich, dass Max nicht der Einzige ist, dessen Körper zittert und dessen Stimme bebt. Und nicht nur das plötzliche, schmerzhafte Kratzen in meinem Hals verrät mir, dass meine Worte zu Max gerade um einiges zu laut waren.

Ich begreife, ich war für diesen Augenblick nicht die erwachsene, reflektierende, verständnisvolle Mutter, ich war das kleine, hilflose, gemoppte Mädchen.

Zurückversetzt, in die Vergangenheit.

Zurückgedrängt, in die dunklen, kalten, einsamen Ecken.

Zurückgeworfen, in den Höllenschlund und mitten im Gewittersturm….

2. Verschwunden

Ich befinde mich bei einer Freundin zu Hause. Sie ist Mentaltrainerin und hat sich einen gemütlichen Kurs Raum eingerichtet. Mit geschlossenen Augen liege ich ganz ruhig auf dem Rücken, während sie mir den gesamten Brocken all der negativen Gefühlen aufzählt, die ich empfand, als ich damals vor dem Religionsunterricht in der Ecke kauerte.

Dann fragt sie mich: „Wo bist du, wenn du auf dieses Bild schaust?"

„Ich sitze mit gesenktem Kopf auf dem Boden in der Ecke."

„Und wie stark sind die Gefühle, auf einer Skala von eins bis zehn?"

„Fünf bis sechs vielleicht", antworte ich etwas verunsichert, denn ich gedacht, diese Gefühlschaos schon mehr unter Kontrolle zu haben. Außerdem überlege ich, woher sie all diese Gefühle kennt, die ich ihr gegenüber noch nie erwähnt habe.

Was dann geschieht, weiß ich eigentlich gar nicht genau. Ich weiß nur, dass ich eine gefühlte Ewigkeit dort liege und mir immer kälter wird. Irgendwann sagt sie:

„Such dir ein schönes Bild. Irgendwas aus deiner Erinnerung oder deiner Fantasie. Etwas, dass dich glücklich macht."

Dieses Bild finde ich schnell: Ich sehe mich auf einem Feldweg in der Toskana. Erst beobachte ich die Schmetterlinge im sanften Wind, dann erblicke ich das Meer am Horizont. Ich tanze zur Musik in meinen Ohren den sonnigen Weg bis zum feinen, weißen Sandstrand entlang.

Ich werde immer leichter, meine Schritte immer schneller und als das warme Wasser meine Füße umspült fühle ich mich, unendlich glücklich, erleichtert und frei.

„Wenn du jetzt auf das Bild von damals zurückschaust, was hat sich verändert?", höre ich die Stimme, die mich aus der Ferne zurückholt.

„Ich, …", ich stocke, denn ich kann nicht glauben, was sich vor meinen geschlossenen Augen abspielt. Ich versuche, mich wieder in dieses zusammengekauerte Elend in der Ecke hineinzuversetzen, aber es geht nicht. „…es ist irgendwie…ander", stammle ich. "Was siehst du?"

„Irgendwie…sehe ich es von oben…, aber…, wie durch einen weißen Nebelschleier."

„Gut", sagt sie zufrieden. „Und die Gefühle von damals, wie stark sind sie jetzt noch?"

„Sie, …sie sind …weg?!!! …", stottere ich vollkommen Fassungslos.

In diesem Moment lichtet sich der Nebel und ich kann das Treppenhaus, die Ecke und den Boden ganz klar erkennen.

Der Raum ist leer! Da sind keine kreischenden Fratzen mehr, die mich niederschreien! < schallt es stumm durch meinen gesamten Körper. *Ich bin dieser Hölle endgültig und vollkommen entkommen.*

„Huch", sagt die Stimme neben mir mit einem freundlich ironischen Lachen! „Wie lange hat` s gedauert? Drei Minuten!" Und durch die Stille schient sie hinzuzufügen: „Und wie viele Jahre hast du diesen Ballast mit dir herumgeschleppt, 25 Jahre?!"

3. <u>Im Schwimmunterricht</u>

Ich stehe in der schuleigenen Schwimmhalle vor dem Becken.
Ein Schüler nach dem anderen springt hinein und schwimmt seine Bahnen.
Ich habe Angst. Nicht vor dem Schwimmen. Ich bin zwar nicht besonders schnell, aber ich kann es, und es macht mir Spaß. Ich habe Angst vor dem Geflüster, das in meinen Ohren dröhnt:
„Hey DU, gleich tauche ich dich unter!" flüstert die Fratze hinter mir. „Ah ja, genieße deinen letzten Atemzug. Gleich bist du nämlich tot!" fällt eine Andere ein. „IIIHH! DIE willst du anfassen?!", mischt sich eine dritte ein.
„Ist doch gut, dann sind wir sie wenigstens los!" „Nun ja, muss ich mir hinterher halt die Hände desinfizieren!"
Inzwischen stehe ich am Startblock und sehe zu meinem Lehrer.
„Spring!"sagt er.
Wieder einmal, wie so oft in solchen Situationen, beruhige ich mich selbst: *Der Lehrer ist doch da! Wenn der Idiot hinter dir wirklich ernst macht, wird der Fisch hier rein springen und dich retten! Er muss doch schließlich aufpassen!*
Ich springe. Ich schwimme die Bahn zu Ende und wende. Ich bin fast am rettenden Rand angekommen, da spüre ich eine Hand auf meinen Schultern.
Ich versuche Luft zu holen, aber mein Mund füllt sich mit Wasser. Ich versuche meinen Kopf zu heben, aber die blaue Kachelwelt, in der sich das Licht tausendfach

bricht, gibt mich nicht frei. Ich versuche, mit Armen und Beinen irgendwie von der Stelle zu kommen, aber ich habe keine Chance...

Das war`s! Jetzt ist endgültig Schluss! Er macht seine Drohung wahr! Der lässt nicht mehr los! Ich sterbe! Tschüss schöne Welt! Tschüss, alle die mich lieben! Hallo lieber Gott- ich komme!

Die Welt um mich wird langsam schwarz.

Plötzlich spüre ich den Druck auf meinen Schultern nicht mehr. Mein Körper schiebt sich mit letztem Willen, mit letzter Kraft noch einmal nach oben.

Da stößt meine Hand an etwas Hartes - den Beckenrand. Ich kralle mich fest und ziehe mich nach oben. Der gedämpfte Lärm wird lauter und ich schnappe nach Luft. Ich huste bis ich mich fast übergeben muss und kämpfe mich während dessen aus dem Becken.

„Du spinnst wohl! Du hast sie ja wohl nicht mehr alle! Du hast mich gerade fast umgebracht!"

Ich schreie, ich zittere, ich tobe herum wie ein wildes Tier.

„Was ist denn nun schon wieder los? Warum schreist du hier so rum?" fragt mich der Lehrer genervt.

„Der hat mich gerade untergetaucht!" stammle ich, noch immer vollkommen neben mir.

Die Fratze hinter mir steigt seelenruhig und schulterzuckend aus dem Becken. „Ich habe doch gar nichts gemacht. Wenn du nicht schwimmen kannst und fast untergehst, kann ich doch nichts dafür!"

Der Lehrer dirigiert uns auseinander.

„Hört auf jetzt! Du gehst zu den anderen und machst

weiter. Und du setzt dich erst mal da hin und erholst dich."

Ich schleppe mich auf eine Bank und setze mich.
Von wegen ....***der passt schon auf...!***
Wieder dringt das Flüstern wie ein Donnerschlag an mein Ohr.
„Hi hi, du hast DIE also wirklich untergetaucht?"
„ Wie cool!"
„Ja! Aber ich dachte mir, wenn DIE tot ist, ist es ja langweilig.
Wen sollten wir denn dann ärgern..! "...

4. <u>Schachmatt?!</u>

Ein ca. drei auf drei Meter großes Schachbrettmuster ziert den Vorhof einer Jugendherberge.
Zwei Klassenkameraden wollen sich die Wartezeit vor dem geplanten Ausflug verkürzen und stellen die Figuren regelkonform auf.
„Oh, ich hab noch was vergessen…!", ruft das eine Kind, als sie gerade mit dem Spiel beginnen wollen, rennt davon und verschwindet im Haus. Das andere Kind schaut kurz verwundert hinterher. Dann beginnt es sich eine Strategie für die ersten Züge zu überlegen.
Die Zeit vergeht.
Aber die Zeit vergeht sehr langsam. Das wartende Kind läuft nervös an seiner Seite des Spielfelds hin- und her. Auch die wartenden Zuschauer, die sich mittlerweile in großer Erwartung um das Quadrat versammelt haben, werden unruhig.
Bei einem dieser Zaungäste wird die Ungeduld zu groß. Vom Übermut ergriffen stößt er im vorbeigehen fast zufällig mit dem Fuß gegen eine Figur. Diese kippt, trifft eine andere Figur und beide fallen mit einem dumpfen Klappern auf den Beton.
„HA! Das ist lustig!", lachen die Zuschauer.
„Oh man, das ist doof!", denkt das wartende Kind und beginnt die Figuren wieder auf zu stellen.
Hinter seinem Rücken sieht es nicht, wie zwei weitere Zaungäste bereits ihr eigenes Spiel eröffnet haben und weitere Figuren zu Fall bringen. Als die beiden ersten Figuren wieder auf ihrem Platz stehen, sind vier andere gefallen.

Dem Kind ist die Enttäuschung ins Gesicht geschrieben. Es wird sichtlich nervöser, schluckt seine Wut aber mit einem Seufzer hinunter und geht erneut zu den, am Boden liegenden Figuren, um diese ebenfalls wieder aufzustellen.

Nun ist das Chaos nicht mehr aufzuhalten. Während zahlreiche Kinderfüße das Spielfeld in Sekundenschnelle zu einem Schlachtfeld verwandeln, läuft das wartende Kind wie ein gehetztes Tier von einem Ende das Feldes zum anderen und stellt die soeben umgestoßenen Figuren wieder auf. „Hört damit auf!", schreit es in seiner Verzweiflung, doch seine von Tränen erstickte Stimme kommt gegen das tosende Gelächter der spielenden Zuschauer nicht an.

Dem gehässig schreienden Mob gegenüberstehend begreift die einsame Seele ihre machtlose Niederlage. Dann kommt es, wie es kommen muss. Figurenaufsteller und Figurenumwerfer laufen sich auf dem Schlachtfeld über den Weg.

Ein Pöbeln, ein Rempeln ein etwas heftigerer Stoß. Ein Kind liegt am Boden, steht wieder auf und stürzt sich auf seinen Gegner. Im nächsten Augenblick liegen die Beiden am Boden und sind von anfeuernd klatschenden Zuschauern umringt.

Eine erwachsene Person stolpert herbei. Nur mit großer Mühe, gelingt es ihr, die beiden verkeilten Gestalten auseinander zu zerren. Ein Schlag ins Gesicht, ein Tritt ans Bein, ein Biss in den Arm - erst dann sind die prügelnden Kinder getrennt.

„Ach wie schade!" tönt es aus der Zuschauermenge. „Das

Spiel war doch gerade so spannend!" lachen sie weiter und heißen ihren König im „Schachfiguren wegtreten" mit Schulterklopfen herzlich willkommen.

Das andere Kind setzt sich mit aller Trauer, aller Wut und allem Schmerz der Welt auf seinen Schultern allein auf eine Bank am anderen Rand des Schachbrettmusters.

„Ich habe verloren!", weint es unhörbar in sich hinein. „Bin bereits vor dem ersten Zug matt gesetzt!"

Dann hört es eine vertraute Stimme neben sich: „Du hast jetzt genau zwei Möglichkeiten: Hier sitzen bleiben, aufgeben und in deinem Leid ertrinken. Oder aufstehen, Größe zeigen und spielen."

Das Kind schaut auf und sieht seinen ursprünglichen Mitspieler in der Ferne aus dem Haus kommen. Es fasst sich ein Herz, gibt sich einen gewaltigen Ruck und steht auf. Leicht schwankend aber fest entschlossen geht es seinem Freund entgegen. Die beiden beginnen das Schlachtfeld wieder zu ordnen und andere Kinder steigen kleinlaut mit ein.

Nachdem alle Schachfiguren wieder an ihrem Platz stehen, eröffnet es die ersehnte Partie. ...

5. <u>Unsichtbarer Begleiter!</u>

Es geschieht an einem anderen dieser 10 Tage, bei einer Wanderung über die Hallig. Ich laufe, wohl bedacht, in der Nähe des Lehrers, der auch das Schulorchester leitet, denn er ist mir ein angenehmer Vertrauter.

Plötzlich kommt ein Junge von hinten angerannt, reißt mir die Schirmmütze vom Kopf, rennt damit davon und wirft sie ein paar Meter weiter die Felsen hinunter. Ich will ihm noch hinterherrennen, auch wenn ich weiß, dass ich ihn nie einholen kann, aber als ich sehe, wie die Mütze im Wind Richtung Meer segelte, schießen mir die Tränen in die Augen und ich bekomme Panik. Denn dieser bunt gemusterte Sonnenschutz ist nicht meiner.

Meine Schwester hat ihn mir nur widerwillig und auf dringliches Bitten meiner Mutter für diese 10 Tage geliehen.

Vorher aber musste ich ihr Versprechen, gut darauf aufzupassen.

Jetzt fällt mein Versprechen die Felsen hinunter! denke ich resigniert.

Dann aber wird mir schlagartig klar:

Genau DAS ist mein Trumpf. Denn diese Fratze hat nicht mich, sondern meine Schwester bestohlen.

In das schallende Gelächter der anderen, sage ich zu der Fratze, der ich mich langsam und ruhig nähere:

„Ach, weißt du, an deiner Stelle würde ich schauen, das du mir die Mütze ganz schnell und heil zurückbringst. Denn die gehört nicht mir.

Meine Schwester hat sie mir nur geliehen und wenn sie erfährt, was DU mit ihrer Lieblingsmütze gemacht hast,-

nun ja,-.
Außerdem ist sie aus Italien- könnte also etwas schwierig werden, sie zu ersetzen!"
Die grinsende Fratze erstarrt. Denn nun wird auch ihm klar, dass sein Handeln diesmal ganz sicher Konsequenzen haben wird.
Auch das dreckige Gelächter um uns verstummt. Ein paar schauen verdutzt, ein paar sind peinlich berührt, die anderen starren sich ratlos und ängstlich an.
Von dem Lehrer, der die ganze Zeit stumm neben uns läuft sehe ich nun ein besonnenes Nicken.
„Ja! Da hat sie recht! Sieh zu, wie du die Mütze wieder herschaffst."
Er hat es gesehen! Denke ich und kann meinen Jubel kaum zügeln.
Er gibt mir recht! Er steht mir bei! Endlich hält einmal einer zu mir!
Dann aber geschieht das wirklich Bemerkenswerte.
Ich spüre, ganz sanft aber deutlich – eine Hand auf meiner Schulter   .
Ich drehe den Kopf, um zu sehen, wer da auf der anderen Seite ist und außer dem Lehrer noch sein Verständnis, seinen Zuspruch und seine Zustimmung signalisiert. Aber ich sehe- niemanden.
Etwas verwirrt sehe ich mich weiter um.
Ich habe es doch ganz deutlich gespürt?!
Der sanfte aber deutliche Druck einer Hand auf meiner Schulter.
Doch da ist niemand- niemand zu sehen-, also niemand Sichtbares!

Ich schaue zum Himmel und schicke ein Lächeln hinauf, denn ich weiß was,- oder besser gesagt **wer** es war!
Das ist also deine Reaktion, auf das, was Fred vor dem Schullandheim zu mir gesagt hat. Die terrorisieren mich wegen meines **Glaubens** *und du lässt mich deinen* **Beistand** *spüren. Ganz nah, direkt hinter mir, mit einer „Hand" auf meiner Schulter. Na dann bin ich ja auf dem richtigen Weg.*

Ein paar Minuten später nähern sich schwere Schritte und lautes Hecheln, die mich kurz aus meinen Gedanken reißen.
Dann steht die Fratze, die mir vorhin die Mütze vom Kopf gerissen hat vor mir. „DAAA!" presst er sich mit letzter Kraft aus den Lippen und wirft mir die triefend nasse und mit Kieselsteinen gefüllte Mütze vor die Füße. Diese erneute Demütigung aber lässt mich kalt. „Danke, geht doch!", sage ich besonnen, hebe sie auf, schütte die Steine auf den Weg und gehe weiter.

6. <u>Der Fratzenmob</u>

Ich sitze zusammengekauert in einer Ecke auf dem Schulflur.

Dann erkenne ich hässliche Fratzen die mich teuflisch anlächeln.

Ich höre ihr hämisches Geschrei.

Ich spüre, wie ich versuche, mich ganz in mein Innerstes zurückzuziehen. Aber ich entkomme ihren bösartigen Chorgesängen nicht.

Eine Hand greift nach mir, bevor ihr Besitzer seine Stimme erhebt:

„Hier weitergeben!" Dann überschlagen sich die kreischenden Stimmen: „IIIHH –IHRE Schlonze!" „Wäää! Nimm das weg!" „DIE ist so eklig! Hörst du- du bist eklig!" „Du bist so dumm!"„Du bist hässlich!" „Du bist doof!" „Du bist so Scheiße!" „Puh! Puh Puhhhh!" „He Du, hörst du was wir sagen?!"„Ha! schaut mal, jetzt weint SIE gleich!"

Jedes einzelne Wort trifft mich direkt ins Mark und schnürt mir die Kehle zu.

Ich erhebe mich und versuche zu entkommen, wegzulaufen, einfach nur raus aus dieser Hölle!

Ich - alleine, gegen 20, 30 kreischende Fratzen.

„Ja, hau doch ab!" „Ha ha, versuch es doch!" „Du kannst nicht weg!" „ Du kommst hier nicht durch!" „Du entkommst uns nie!!!"

Ich bin umzingelt. Und während mich ihre Worte mit 1000-facher Voltstärke durchfahren, schubsen sie mich von einem zum andern.

Tränen niederkämpfend ziehe ich mich wieder in die Ecke vor dem Klassenzimmer zurück und überlege, wie es so weit kommen konnte?

Ich hatte mich vorhin doch extra hier nach oben verdrückt, damit sie mich nicht finden. Ich wollte ein paar Minuten in Ruhe durchatmen. Wollte eine Pause von meinem alltäglichen Krieg hier in der Schule. Eine Pause zwischen all ihren Attacken, diesen Sticheleien während des Unterrichts, diesen winzigen Nadelpiekser! Diesem ständigen Mobbing von hinten, von vorne und von der Seite. So zart geflüstert, dass kein Lehrer es wahrnimmt, sondern nur ich es höre.

*Ja, das machen sie echt gut. Ihre Quälereien hinterlassen meist keine **sichtbaren** Spuren und somit keine Beweise. Aber sie hinterlassen **unsichtbare** und unbeschreiblich tiefe Wunden auf meiner Kinderseele.*

Ich dachte, wenn die Religionslehrerin etwas früher kommt, könnte ich schon mal ins Klassenzimmer sitzen und wäre für kurze Zeit erlöst.

Weiß der Himmel, wie sie mich entdeckt haben. Womöglich hat mich doch einer hochgehen sehen!?

Weiß der Teufel, warum es immer mehr Fratzen werden. Längst sind Kinder aus anderen Klassen dazugekommen. Und alle, alle machen mit.

Die verzweifelte Suche nach Schutz trieb mich in diese Sackgasse. Jetzt sitze ich hier wie ein gejagtes Tier in der Falle.

Aber wenn mein Körper schon nicht entkommen kann, meine Gedanken fangen sie nicht. Ich mach mich ganz klein und halte ganz still! Der Himmel und alle Engel

mögen unerreichbar sein, um mich zu erlösen. Aber es kann nicht mehr lange dauern. Ich halte durch!!!
Also spanne ich meine Gedankenflügel und fliege...

Geraume Zeit später merke ich, dass das Geschrei langsam leiser wird.
Das Gedränge löst sich auf. Ich sehe vom Boden auf und erblicke durch meine Tränenwand, wie sich die Menge teilt. Auch die letzten Schreie verstummen. Jetzt sind es die Fratzen, die zu Boden blicken.
Manche scheinen ertappt- andere grinsen verlegen.
Inmitten der Meute erkenne ich erleichtert meine Lehrerin.
Aber etwas an ihr ist anders. Ihr sonst so liebevolles, freundliches und sanftmütiges Gesicht starrt die Meute voller Entsetzen, voller Wut und voller Hilflosigkeit an.
Unsere Blicke treffen sich und mir strömt warmes Mitgefühl entgegen. Doch ich kann den Blick nicht halten- ich schäme mich. Die Tränen in ihren Augen machen mir ein schlechtes Gewissen.
Wegen mir! Sie hat Tränen in den Augen- WEGEN MIR!
Wortlos öffnet sie die Tür. Die Schüler, die nun bei ihr Unterricht haben und ich folgen ihr, während andere Lehrer den restlichen Mob die Treppe hinunter scheuchen.
Im Zimmer herrscht schreiende Stille.
Minuten vergehen.
Irgendwann traue ich mich erneut, die zierliche Frau vor mir anzusehen.
Ihr Körper bebt. Sie ringt um Fassung. Ihre Stimme zittert, als sie das laute Schweigen bricht: „...da hat es vorhin plötzlich heftig am Lehrerzimmer geklopft...Zwei

Mädchen aus der Oberstufe standen da und sagten, es muss mal schnell jemand kommen! ... Da steht das ganze Treppenhaus voller Schüler aus mehreren Klassen…und die machen alle EINE fertig…!
Was seid ihr für Menschen…Wie könnt ihr nur… alle gegen eine…. Wie soll ich mit euch jetzt **Religion**sunterricht machen…Schämt euch! …Geht jetzt und denk darüber nach!"
Keiner lacht mehr! Keiner schreit mehr! Verärgerte Köpfe ziehen beim rausgehen an mir vorbei.
Als ich an meiner Lehrerin vorbei gehe fühle ich mich immer noch schuldig an ihrem Schmerz. Ich kann ihr nicht in die Augen sehen, aber ganz, ganz leise flüstere ich „DANKE!"…

7. <u>Die Gewitterfront</u>

Die Erinnerungen, die mich bis heute wütend, traurig und hilflos machen sind wie Blitze am nächtlichen, wolkenlosen Himmel, die in meinen Kopf einschlagen und meinen ganzen Körper durchjagen.
Bei jedem Einschlag reißt es mir die Arme nach oben, und meine Hände ballen sich zu Fäusten.
Mein Magen krampft und dreht sich, aber ich verwehre ihm das Erbrechen.
Ich will davonrennen, aber meine Beine sind gelähmt und meine Füße unter dieser Last mehrfach gebrochen.
Meine Ohren schmerzen vom Lärm des Donners und dem kreischen des Windes der die Regentropfen wie Hagelkörner gegen meine Haut peitscht.
Während sich meine Augen mit Tränen füllen, suche ich verzweifelt den Schlaf - und finde doch keine Ruhe.

Irgendwann kämpfe ich nicht mehr gegen diese, mir nur allzu gut vertraute Schlaflosigkeit. Ja, ich kenne diese Situation: Dieses hin- und her wälzen und die stummen Schreie. Diese Sehnsucht nach dem Morgengrauen, das mir die Erlösung der nächtlichen Qualen verheißt. Gleichzeitig aber die Angst vor dem nächsten Tag, der neues Futter für die kommende schlaflose Nacht bringt.
Vor gut 20 Jahren lag ich so in meinem Kinderzimmer, heute liege ich von meinen Kindern umringt hier im Bett.

Aber warum kommen sie wieder? Warum nach all diesen Jahren? Warum liege ich vom Blitz erschlagen, vom Donner erschüttert und nass bis ins Mark aus heiterem

Himmel plötzlich wieder mitten in diesem tosenden Unwetter?

Meine Gedanken stocken: **Plötzlich? Aus heiterem Himmel?** *Stimmt das wirklich?*

Ok, ich habe die Wolken am Horizont immer gesehen, dunkle, hässliche Flecken. Aber sie waren doch längst vorbeigezogen und der Sturm hatte sich längst gelegt!

Die Spuren der Verwüstung, die tiefen Narben und die Risse in meinem Fundament. Die Schmerzen, die Tränen und die Hilflosigkeit. Die Trauer und die Wut, ja, all dies kann ich, im hintersten Eck meiner Seele, all die Jahre hindurch immer wieder erblicken.

Wie hätte ich sie auch je vergessen können?! Haben diese Ereignisse mich doch zu der individuellen Person gemacht, die ich heute bin. Mit all meinen Stärken und Schwächen.

Und vielleicht habe ich auch, irgendwo tief in mir drin, geahnt, dass es eines Tages so kommen wird. Dass der Wind sich noch einmal dreht und die schrecklichen Blitze eines Nachts zurückkommen.

Selbst der Zeitpunkt ist bei genauer Betrachtung nicht überraschend.

OK! Ich muss zugeben, ich habe es kommen sehen. Ich habe das Gewitter -mitten in der Nacht - ganz langsam heran rollen sehen.

Aber mit dieser Heftigkeit konnte ich nicht rechnen.
Da fällt mir auf, ich schreibe schon wieder in (viel zu schönen) Bildern….

8. <u>Stumm- schreiende Zeugen</u>

Diesen Schätzen, vertraute ich alles an. Ich schrieb sie an eine ganz besondere Person.
Eine Person, die mich einfühlsam tröstete, mich immer verstand und mich bis heute liebt, wie ich bin.
Ich erinnere mich an meine Tagebücher.
Also schleiche mich in dieser Nacht todmüde aus dem Bett nach unten ins Wohnzimmer, durchforste den riesigen Schrank und dann, dann halte ich sie in den Händen.
Diese stummen und doch so schrill schreienden Zeitzeugen.
Das erste öffnet sich gleich in der Mitte, und ich erkenne ihn sofort:
Den gepressten, zerflatterten Blumenstrauß.
„Hallig Hoge! …Taufen lassen! …Hölle überlebt…" steht da als mahnende Erinnerung.
Ja, sollte ich je gezweifelt haben, ob meine Erinnerungen wahr sind und wirklich alles so schlimm war- hier ist der Beweis.
All diese Bilder sind keine Phantasien, keine Hirngespinste, keine maßlosen Übertreibungen und auch keine Alpträume. Sie gehören zu mir, zu meinem Leben, sie waren meine Realität!!!!
Langsam beginne ich zu lesen.
Ich quäle mich durch Sätze, in denen ganze Wörter fehlen und kämpfe mich durch Wörter, in denen teilweise so viel Buchstaben fehlen, dass ich sie fast erraten muss. Das hat schon nichts mehr mit „Rechtscheibschwäche" zu tun….
Aber ich erkenne, so schnell wie mein Herz die Schre-

cken des Tages auf diesen Seiten loswerden will, so schnell kann mein Kopf nicht denken und die Hand nicht schreiben. Ich muss alles aufgeschrieben, um nicht zu platzen, um nicht zu ersticken. Ich kotze mich regelrecht aus.
Und um ehrlich zu sein, genau so sieht das Schriftbild auch aus.
Ich weiß, ich sehe direkt in den Spiegel meiner Seele.

Je weiter ich lese, desto mehr neue Blitze leuchten auf. Andere Bilder werden deutlicher, manche Zusammenhänge werden klarer.
Je weiter ich lese und blättere, umso mehr Seiten finde ich, auf denen nur ein einziges Wort steht. Es erstreckt sich über die ganze Seite, so wie es damals meine ganze Seele ausfüllt:
ANGST!
ANGST vor dem nächsten Tag!
ANGST vor der Schule!
ANGST vor dem Unterricht!
ANGST vor den Pausen!
Immer und immer wieder ANGST!
Und kein Ausweg aus diesem elenden Teufelskreis!!

Irgendwann verschwimmen die Zeilen, meine Augen sind feucht und Tränen laufen mir übers Gesicht. Ich sehe dieses kleine Mädchen, und es tut mir so unsagbar leid.
Ja. Auch wenn es sich vielleicht nicht gehört, auch wenn man das nicht sagt, wenn es sich nicht schickt, ja, ich habe Mitleid. Mitleid mit mir!
Aber jetzt ENDLICH traue ich mich, es zu haben- und

darüber zu schreiben!
All diese Hilflosigkeit, die Ungerechtigkeiten und diese Schmerzen- ich spüre sie wieder. Oder besser gesagt, immer noch. Denn ich beginne zu begreifen, all das war nie weg- es war höchstens verschüttet. Und wie heißt es doch so treffend, „Alles im Leben hat seine Zeit!"Also hat auch **-mit sich selbst leiden-** seine Zeit!

In den kommenden Tagen und Nächten blättere ich mich durch all diese Seiten.
Es fällt mir immer leichter meine erschütternden Aufzeichnungen zu entziffern, auch wenn sie noch so undeutlich und fehlerhaft sind. Habe ich jedes einzelne Wort doch selbst geschrieben- selbst erlebt.
Ich finde so viel mehr, als nur aufblitzende Erinnerungen.
Ich finde Gedanken und Überlegungen von mir, die mich erschüttern. Sie waren so tief in meiner Seele vergraben, dass ich hoffte, ich hätte sie nie gedacht.
Allerdings sehe ich, dass ich am Ende dieser Überlegungen immer die richtige Entscheidung getroffen habe. Das zeigt mir, wie geliebt, wie geborgen, wie STARK dieses kleine Mädchen damals trotz allem war.
Und darauf bin ich stolz.
JA! Auch **-sich selbst loben-**, hat seine Zeit!

Ich finde einen Bericht in meinen Aufzeichnungen, ca. 3,5 Jahre vor meinem letzten Schultag.

„Meine Liebe!
Vorhin habe ich auf einem karierten Din A4 Blatt Rechteck eingezeichnet.

2 Kästchen nach unten, 5 zur Seite! In jedes dieser Kästchen schreibe ich die Wochentage und dann eine Zahl..."

Die erste Zahl muss ungefähr 1277sein!
Dann schreibe ich die nächst Zahle in das nächst Rechteck.
Mi1277 Do1276 Mi1275....!
Jeden Tag streiche ich ein Kästchen durch und zähle somit die noch verbleibenden Tage in der Hölle.
Jeder gestrichene Tag ist ein Tag weniger.
Jeder Zehner weniger ist eine Erleichterung und jeder Hunderter ein Fest.
Der Tag mit der Zahl 999 ist ein Freudentag!
Manchmal allerdings warte ich extra ein paar Tage, denn das Gefühl, 4, 5 oder 6 Tage auf einmal abzustreichen, ist einfach unbeschreiblich befreiend- fast schon wie fliegen.

Aber ich lese auch von so vielen traurigen, erschütternden und schrecklichen Gedanken:

„Mord! Amoklauf! Alles über den Haufen schießen! Dann könnten sie doch zufrieden sein. Sie sagen, ich bin irre?! Also bitte, geb ich ihnen Recht und mach mal was total Irres! Dann ist Ruhe, der Krieg vorbei und... dann hat keiner gewonnen.
Alle haben verloren! Die und ich! Schuldige und Unschuldige!
Die Täter, ich, die anderen Opfer, die feigen Mitläufer, die mir ab und zu mal ein mitleidiges Lächeln zuwerfen oder ein fast unhörbares aufmunterndes Wort zuflüstern.

Die Lehrer die wegsehen, weil sie es nicht besser können, und die Lehrer, die beim Versuch mir zu helfen, kläglich scheitern.
Es würde richtig knallen, keine Frage und jeder würde es hören.
Aber ALLE hätte verloren und die hätten am Ende doch recht behalten: „ Seht ihr, wir haben`s doch immer gesagt, die ist dumm, die ist doof, die ist irre!"
Also: NEIN! Nie und nimmer tue ich denen diesen Gefallen.
Sie haben nicht recht und das werde ich ihnen beweisen.

Ich weiß ja, eines Tages wird er kommen, mein letzter Schultag.
An diesem Tag werde ich hoch erhobenen Hauptes mit meinem bestandenen Realschulabschluss in der Tasche vom Gelände gehen.
Als Sieger! Als Sieger eines Kriegs, von dem ich nicht mal weiß, wie und warum er angefangen hat. Und vor allem, warum er kein Ende findet. Egal, wie viel Kämpfe ich bis dahin noch ausfechten und verlieren werde, den Krieg, den habe ich genau in diesem Moment gewonnen.
Ich habe doch längst begriffen, dass ich nur durchhalten und mich soweit konzentrieren muss, dass ich einigermaßen akzeptable Noten schreibe.
DAS ist mein Ticket aus dieser Hölle!"

An einer anderen Stelle lese ich von einem weiteren, schrecklichen Gedanken, von dem ich mit den Jahren hoffte, ich hätte ihn nie gedacht, auch wenn ich es immer besser gewusst habe:

„Selbstmord! Warum eigentlich nicht?
Vielleicht würden sie dann verstehen, was sie mir jeden Tag antun?!
Alle, die ganze Welt, meine ganze Welt würde meine Qualen endlich mal erkennen!
Sie würden kapieren, dass es kein lustiges Spiel ist, jemanden fertig zu machen und verbal oder körperlich weiter auf ihn einzutreten, obwohl er schon am Boden liegt!
Und die feigen Wesen würden erkennen, wie fatal es ist, stumm daneben zu stehen und dumm zu glotzen statt einzugreifen und zu helfen. Sie würden alle wissen, dass DAS, was da Tag für Tag abgeht, keine harmlosen Kindereien mehr sind!
Und dann, dann würde es ihnen leidtun! Sie würden sich schämen und ihr Leben lang wissen:
SIE sind schuld daran, dass ich nicht mehr lebe!
Somit würde ich das ganze selbst beenden und ICH, ICH hätte gewonnen!
Gott?! Gott würde das garantiert verstehen, sieht er doch jede einzelne Sekunde meiner Qualen und fühlt sie mit.
Ich wäre endlich im Paradies und alles wäre gut!
Selbstmord also! Ok, von mir aus warum auch nicht, aber wie- und wann?" In einen solchen Gedanken kommt eines Tages meine Schwester in mein Zimmer gestürmt.
„Hast du Zeit? Ich muss Dir was vorspielen. Ein Lied. Es handelt von einer, die sich umgebracht hat,…!"
Bevor ich antworten kann hat sie die Kassette schon in meinen Rekorder gesteckt und die Musik beginnt.
Ich höre diesen Text und sauge ihn regelrecht in mir auf.

Die Trauer, die Verzweiflung, den Schmerz und die Ohnmacht desjenigen, der zurück geblieben ist.

Noch bevor der letzte Ton verklingt habe ich meine Antwort gefunden, auf dieses „wie und wann".

NIEMALS!

Niemals wenn mir auch nur ein Mensch auf dieser Welt einfällt, der so traurig, so ohnmächtig und verzweifelt sein würde, wie der, der da singt, wenn **ich** das machen würde. Ein Mensch, der so unschuldig und hilflos ist, wie ich selbst.

Ich habe diesen Gedanken nicht mal zu Ende gedacht, da fallen mir so viele Namen und Gesichter ein!

Meine Eltern, meine Schwester, meine Oma, meine Tanten und Onkel, meine Freunde aus der Kirche, … die Person, der ich jeden Tag mein Herz ausschüttete, indem ich diese Tagebücher mit meinem Leben füllte….der knapp zweijährige Enkel unserer Nachbarn. Jeden Dienstag besucht er seine Oma und immer nach dem Mittagschlaf rennt er in den Garten und ruft nach mir.

Wenn er mich sieht, lachte er immer so herzlich und unser beider Leben ist voll Sonnenschein. Was wäre, wenn ich auf einmal nicht mehr durch die Hecke schlüpfen würde?!

Die erste Person aber, die mir einfällt, ist meine kleine Cousine. Sie ist sechs Jahre jünger als ich und eine so liebenswürdige und sensible Person.

Ich weiß dass ihre Welt gerade eh schon aus allen Fugen bricht und wenn ich dann auch plötzlich nicht mehr da wäre…. Ich sehe sie in Gedanken ihre Eltern fragen:

„Mama/Papa, ich hatte da doch noch eine Cousine? Wo

ist die denn jetzt?" Ihre Eltern könnten sie nur noch zu meinem Grab bringen und sagen: DA! Und meine liebe kleine Maus würde denken, was sie denken muss, könnte sie doch all das nicht verstehen:
Toll, jetzt hat die mich auch im Stich gelassen!
Nein, kein Selbstmord!
Es hätten doch nur wieder alle verloren. Vor allem die Menschen, die mich lieben!
Mir würde es zwar gut gehen, aber alle, die mich mögen, wären um einen wertvollen, geliebten Menschen beraubt!
Also: NIEMALS!
Schon gar nicht wegen denen.

Spätestens an diesem Tag wird die Musik für mich buchstäblich zum Überlebenselixier.
Musik, die aus meinem Zimmer durchs Haus dröhnt.
Musik, mit der ich mich auf dem Weg zur Schule betäube und vergeblich versuche, meinen allmorgendlichen Würgereiz zu unterdrücken.
Musik, die ich mir auf der Heimfahrt in der Straßenbahn in die Ohren stecke, um den ewigen Lästereien der Fratzen zu entgehen.
Musik die ich so tief inhalierte, dass sie meinen ganzen Körper durchfließt und meiner Seele Flügel verleiht.
Musik, die in meinem Kopf entsteht und von dort, einfach nur für mich, auf Papier oder in mein Instrument fließt.
Musik, mein ganz persönlichen Mutmacher und Überlebenshelfer.

Leider finde ich noch einen weiteren schrecklichen Gedanken von damals in meinen Tagebüchern. Aber durch seine Schrecklichkeit geht kein Stück seiner nachvollziehbaren Logik verloren.

In meinen Tagebüchern überlege ich mir, was wohl passieren würde, wenn die Fratzen mir einmal, nur einmal, körperlich **so** zusetzen würden, dass es nicht mehr zu übersehen wäre. Natürlich habe ich auch die eine oder andere Rauferei, aber außer ein paar blauer Flecken und ein paar ausgerissenen Haarbüscheln kann ich mich an keine großen körperlichen Verletzungen erinnern.

„Aber genau das ist das Problem<, überlege ich mir. Wenn die mir doch einmal einen Arm oder ein Bein brechen würden oder mir eine blutige Platzwunde in den Kopf hauen.

Alle würden es sehen.

Ich müsste zum Arzt gehen und der würde fragen, wer das war.

Vielleicht würden sie eine Anzeige wegen Körperverletzung bekommen und müssten zur Polizei!

Vielleicht gäbe es eine Gerichtsverhandlung.

Mit Richter, Ankläger, Verteidiger, Zeugen….!

Sie wären die Angeklagten und meine Wunden der Beweis! ENDLICH KÖNNTE DIE GANZE WELT SEHEN, WAS DIE MIT MIR MACHEN!

Alle wären entsetzt, alle würden verstehen – und die Schuldigen müssten dafür endlich mal Konsequenzen tragen."

Es geht mir bei diesem Gedanken nicht um Rache oder
Bloßstellung.
Ich will nicht Gleiches mit Gleichem vergelten.
Es geht mir damals schon um Verständnis und den tiefen,
unstillbaren Wunsch, dass dieses grausige Mobben endlich aufhört!
Dafür hätte ich damals einen gebrochenen Arm gerne in
Kauf genommen.

Als ich alle meine Tagebücher durchforstet habe, lege ich
sie wieder in den Schrank zurück.
Der ungeschönte Blick in meine Seele macht mich traurig.
Aber ich bin dankbar für dieses Fenster, durch das ich
nun viel klarer in die Vergangenheit schauen kann.

Alle Geschichten aus den 11 Jahren Mobbinghölle finden sie in meinem ersten Buch:
Wie Blei, auf meinen Flügeln-Erinnerungsblitze aus der Mobbinghölle

ISBN: 9783738624236

E-Book: 9783739256368

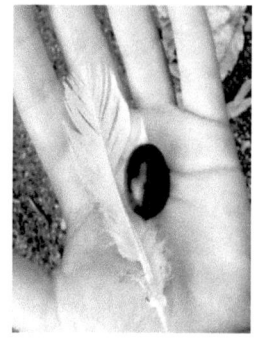

Weitere Informationen zu mir und meiner Arbeit finden sie unter:

www.autorin-katharina-x.de
oder folgen sie mir auf Facebook, Twitter oder Instagram: **Katharina X-Buch**

Herstellung und Verlag:
BoD - Books on Demand, Norderstedt
ISBN 978-3-7431-7719-2